京浜東北線（東京～横浜）
根岸線、鶴見線
街と鉄道の歴史探訪

生田 誠

1984年
（昭和59年）

有楽町駅上空より望む京浜東北線と山手線の高運転台車（ATC）の103系。

撮影：安田就視

.....Contents

©有楽町駅 撮影:小泉 喬 (RGG)

京浜東北線の年表（根岸線を含む）

1872（明治5）年10月14日	新橋（後の汐留）〜横浜（現・桜木町）間の鉄道が正式に開業。途中駅として品川、川崎、鶴見の3駅が設けられる。
1908（明治41）年9月23日	横浜鉄道（現・横浜線）開業に伴って東神奈川駅が開業する。
1909（明治42）年12月16日	品川〜烏森（現・新橋）間に山手線電車用の線路が開通。浜松町駅、田町駅が開業する。
1910（明治43）年6月25日	烏森〜有楽町間が延伸開業する。
1914（大正3）年12月18日	品川〜高島町（後に廃止）間に東海道本線列車と分離した「京浜線」電車用の電化複線が完成する。
1914（大正3）年12月20日	東京駅が開業し、東京〜高島町間の京浜線電車が正式に運転開始。大井町駅が開業。烏森駅を新橋駅に改称。呉服橋駅が廃止。蒲田駅に電車庫（後の蒲田電車区）を開設される。
1915（大正4）年8月15日	現在の高島町交差点付近に二代目横浜駅が開業。初代横浜駅が桜木町駅に改称。高島町駅が廃止される。
1915（大正4）年12月30日	京浜線電車の運転区間が桜木町まで延長する。
1916（大正5）年秋	京浜線で、大森〜横浜間ノンストップの急行電車が1日10本運転を開始する。
1923（大正12）年7月	京浜線に、2扉・セミクロスシート装備の新型近郊形電車が運転を開始する。
1925（大正14）年11月1日	東京〜上野間が延伸開業し、京浜線電車は上野〜桜木町間の運転となる。御徒町駅が開業する。
1926（大正15）年9月28日	京浜線電車で国有鉄道初の自動ドアが登場する。
1928（昭和3）年10月15日	現在地に三代目横浜駅が開業する。ただし京浜線ホームが未完成だったため、二代目横浜駅の京浜線ホームを高島口乗降場として存続させ、三代目横浜駅の東口付近に駅前仮乗降場を設けた。
1932（昭和7）年9月1日	赤羽〜大宮間で電車用の複線が開通。この時から愛称が「東北・京浜線」となり、運転区間は大宮〜桜木町間となる。
1932（昭和7）年10月1日	横浜線の電車が桜木町まで乗り入れを開始する。
1942（昭和17）年11月	車両に「京浜東北」の表示が掲げられる。
1951（昭和26）年4月24日	架線工事のミスが原因で、桜木町駅にさしかかった電車の架線から発火して炎上。106人が死亡する「桜木町事故」が発生する。
1957（昭和32）年4月	第20回鉄道建設審議会で、「桜大線」として桜木町〜大船間の着工が決定される。
1964（昭和39）年5月19日	根岸線として桜木町〜磯子間が開業。関内、石川町、山手、根岸の各駅が開業。横浜〜桜木町間が根岸線に編入される。
1965（昭和40）年11月1日	103系電車が運転を開始する。
1969（昭和44）年10月1日	神奈川臨海鉄道本牧線が根岸〜本牧埠頭間で開業する。根岸線経由で貨物輸送を行う。
1970（昭和45）年3月17日	根岸線磯子〜洋光台間が延伸開業。新杉田駅が開業する。
1973（昭和48）年4月9日	根岸線洋光台〜大船間が延伸開業して全通。港南台駅と本郷台駅が開業する。
1988（昭和63）年3月13日	山手線電車と同一のプラットホームを用いる田端〜田町間で、日中の快速運転が開始される。
1998（平成10）年3月	103系電車が引退する。
2007（平成19）年12月22日	E233系電車が運転を開始する。

鶴見線の年表

1924（大正13）年7月20日	浅野総一郎らが鶴見臨港鉄道を創立する。
1925（大正15）年3月10日	貨物専用鉄道として鶴見臨港鉄道が浜川崎〜弁天橋間（本線）、大川支線分岐点〜大川間（通称・大川支線）を開業。浅野、武蔵白石（初代）などが貨物駅として開業。
1925（大正15）年4月10日	石油支線分岐点〜石油（後の浜安善）間（通称・石油支線）が開業する。
1928（昭和3）年8月18日	本線の浜川崎〜扇町間が延伸開業する。
1930（昭和5）年3月25日	南武鉄道の支線尻手〜浜川崎間が開通し、浜川崎駅で鶴見臨港鉄道と接続。
1930（昭和5）年3月29日	鶴見臨港鉄道が京浜電鉄（現・京浜急行電鉄）子会社の海岸電気軌道を買収し、総持寺〜大師間の軌道線（路面電車）を継承する。
1930（昭和5）年10月28日	本線の弁天橋〜鶴見（仮称）間が延伸し、同時に全線が電化される。本山停留場、国道駅、大川支線・石油支線分岐点に安善通（現・安善）駅が開業する。
1932（昭和7）年6月10日	芝浦製作所（現・東芝）の専用線を買収して支線浅野〜新芝浦間（現在の海芝浦支線）が開業。1940年に新芝浦〜海芝浦間が延伸する。
1943（昭和18）年7月1日	「戦時輸送体制」を理由に国有化され、鉄道省鶴見線となる。工業学校前停留場を鶴見小野駅に、安善通駅を安善駅に、石油駅を浜安善駅にそれぞれ改称する。
1972（昭和47）年3月	72系電車の運行を開始する。本線で17m車が廃止され、20m車の編成となる。
1979（昭和54）年12月4日	101系電車が運転を開始する。
1980（昭和55）年1月20日	72系電車が鶴見線から引退する。
1986（昭和61）年3月3日	ダイヤ改定。平日昼間の鶴見〜扇町間の電車は1時間ごと、鶴見〜海芝浦間、鶴見〜大川間の直通電車は2時間ごと、両支線への直通電車はすべて単行運転となる。
1986（昭和61）年11月1日	貨物支線安善〜浜安善間が廃止される。
1990（平成2）年8月2日	103系電車が運転を開始する。
1994（平成6）年12月3日	ダイヤ改定。平日昼間の鶴見発扇町行きは毎時00分と40分、海芝浦行きは毎時20分発車となる。大川支線は朝夕のみ線内折り返し運転となる。
1996（平成8）年3月15日	大川支線のクモハ12形が運転終了。翌日から大川支線への電車は全列車が鶴見発着となり、武蔵白石駅は通過となる。
2004（平成16）年8月25日	205系電車が運転開始。
2006（平成18）年3月17日	鶴見線から103系が全車引退する。

1章
京浜東北線

Chapter.1 ▶

東京〜横浜

国鉄は分割・民営化され、JRグループとして再スタートを切った。「こんにちはJR」のヘッドマークを付けた電車も走行した。

1987年
(昭和62年)

撮影：松本正敏（RGG）

撮影：安田就視

丸の内口側から八重洲口側を見た東京駅の駅舎及び周辺風景である。辰野金吾が設計した東京駅丸の内口側の赤レンガ駅舎は、ドーム屋根の3階部分が第二次世界大戦の空襲で被災し、戦後は2階建て、台形の姿に変えられていた。現在は元の姿に復原されている。

東京駅

とうきょう→

開業年：1914（大正3）年12月20日　所在地：東京都千代田区丸の内1−9−1
ホーム：2面4線（新幹線）、5面10銭（在来線・高架）、2面4線（在来線・総武地下）、2面4線（在来線・京葉地下）
乗車人員：439,554人　キロ程：0.0km（東京起点）大宮から30.3km

新しい中央停車場が大正初期の1914年に開業
京浜東北線は、京浜電車として運転を開始した

　現在は上野東京ラインが通るようになって、高崎線や宇都宮線などの列車が、この東京駅を経由して、横浜・大船方面に向かう。一方で、東海道線や伊東線から来た列車も、東京駅を経由して、上野・大宮方面に向かうことになる。

　これ以前から、東京駅を中心に南北を結んでいたのが京浜東北線である。その歴史は、1914（大正3）年12月の東京駅開業にさかのぼり、東京駅と高島町駅（後に廃止）に至る、南側の「京浜電車」の運行が始まった。翌年には桜木町駅までの運行となり、根岸線の開業までこの運行スタイルが続けられた。1928（昭和3）年2月には、田端～赤羽間の電車線が完成し、京浜電車も赤羽駅に至ることとなる。さらに1932年9月には大宮駅まで運行され

るようになった。

　1914年に開業して、中央停車場となった東京駅は、北側に延びる路線は、1919年3月、中央線の東京～神田間が開通し、隣の神田駅まで延伸している。上野～秋葉原間には、日本鉄道が開通させた貨物線が存在したが、神田～上野間が旅客線として開通するのは1925年11月である。

　現在の東京駅は、丸の内側の1・2番線を中央線が使用し、京浜東北線は3番線を上野・大宮方面、6番線を横浜・大船方面の列車が使用している。この両線では、ホームで向かい合う山手線（4番線は内回り、5番線は外回り）の列車との連絡が便利である。

1973年
(昭和48年)

山手線から転入した103系の桜木町行き。車体には誤乗防止用として線名を記したステッカーが貼られている。

1956年
(昭和31年)

撮影：江本廣一

東京縦貫複々線完成（京浜東北線と山手線の分離運転）記念祝賀電車のクハ79形920番台が東京駅に到着した。

1991年
(平成3年)

撮影：安田就視

東京駅の丸の内口側のホームを行き来する京浜東北線、山手線の列車が見える。現在は中央線の1・2番ホームが3階の位置に上げられ、2番ホームの下に京浜東北線の3番ホームがある形となっている。奥には、丸の内側のビル群がのぞいている。

1980年
(昭和55年)

撮影：大道政之（RGG）

東京駅の八重洲口側には1954年に完成した大丸東京店が入る鉄道会館八重洲本館のビルが存在した。1964年の東海道新幹線の開通後は、八重洲口が表玄関の役割を果たすようになり、新幹線高架下に新東京駅名店街なども誕生した。現在、このビルは解体されて、グラントウキョウ、グランルーフに変わっている。

千代田区

港区

品川区

大田区

川崎市

横浜市

鎌倉市

1967年
（昭和42年）

撮影：安田就視

東京駅の赤レンガ駅舎を背景に都電の28系統が走る。この8000系は、1956 〜 1957年に誕生した車両だった。都電28系統は、日比谷にあった
都庁前から東京駅を経由し、隅田川を渡って錦糸堀（錦糸町駅前）まで走っていた。

1971年
（昭和46年）

撮影：安田就視

建設中のビルを背景にして、東京駅の丸の内駅舎とホームが見え、153系（東海型電車）列車も見える。横断歩道の向こう側に見える都電31系統は、
三ノ輪橋と当時の都庁前の間を結んでいた。

1925(大正14)年

1955(昭和30)年

古地図探訪

東京駅付近

　上の地図は関東大震災前のもの。丸の内（皇居）側には、海上保険会社（東京海上ビル）が見えるものの、更地が目立つ。注目したい地名は南側に見える「八重洲町」。もともと、丸の内側に「八重洲」の地名があり、東京駅の丸の内口は「八重洲町口」と呼ばれていた。一方、現在の八重洲口側は「八重洲橋口」と呼ばれており、この当時は改札口が存在しなかった。こちら側には水色に塗られた外濠が見え、八重洲橋は一時、撤去されていた。
　下の地図では、丸の内側に丸ビル、新丸ビル、郵船ビル、東京海上ビルといった、この地区を象徴する近代的なビルが建ち並んでいる。現在は「KITTE」ビルの建つ場所には、東京中央郵便局がある。八重洲口側には大丸東京店が誕生し、外濠は既に埋められている。

千代田区

港区

品川区

大田区

川崎市

横浜市

鎌倉市

撮影：森嶋孝司（RGG）

有楽町駅の付近にはかつて東京都庁が存在し、現在も日本を代表する大手企業の本社が集まっている。昼は銀座方面に向かう買い物客が多く利用する駅であり、夜ともなれば、現在は新幹線も走るガード下の飲食店にサラリーマン、OLが集まり、賑やかな宴が開かれる。

2017年（平成29年）

有楽町駅

ゆうらくちょう

開業年：1910（明治43）年6月25日　**所在地**：東京都千代田区有楽町2-9-17
ホーム：2面4線　**乗車人員**：169,550人　**キロ程**：0.8km（東京起点）大宮から31.1km

1910年、東海道線の電車線に高架駅が誕生
戦後、「有楽町で逢いましょう」が大ヒットした

　有楽町駅は、東京駅よりも早い1910（明治43）年6月の開業である。当時から京浜電車（現・京浜東北線）のみが停車する駅であり、東海道線の長距離列車の始発駅は隣駅の新橋駅であった。このとき、後に二代目新橋駅となる烏森駅から延伸した京浜電車の高架線は、同年9月に呉服橋駅（仮駅）に至ることになる。その4年後（1914年）に東京駅が開業し、現在の形の東海道線が開通した。

　有楽町駅の開業前、東京一の繁華街・銀座の玄関口の地位は、7・8丁目側の初代新橋駅が占めていた。しかし、開業後は3・4丁目に近い、この有楽町駅が銀座の玄関口としての役割を担うようになる。さらに東京駅の開業、新・旧新橋駅の交替がその役割を強めていった。

　「有楽町」の地名、駅名の由来は、織田信長の弟、織田長益（有楽斎）の屋敷が存在していたからとされる。その名前を全国に広めたのが、フランク永井が歌った大ヒット曲「有楽町で逢いましょう」。この歌は1957（昭和32）年に開店した有楽町そごう（読売会館）のコマーシャルソングでもあった。

　駅の構造は島式2面4線の高架駅で、1・4番線を京浜東北線、2・3番線を山手線が使用している。銀座側に列車線、新幹線の線路もある。1974年に営団地下鉄（現・東京メトロ）の有楽町駅が開業して連絡駅となり、都営地下鉄を含めた銀座駅や日比谷駅も近距離にある。

80系は「湘南電車」として親しまれた。緑とみかん色のカラーは「湘南色」と呼ばれ現在もここを走る車両（E231系・E233系）に受け継がれている。

撮影：長渡朗

有楽町駅付近の高架線を、0系新幹線と旧型国電が並行して走る。この年、8両編成だった京浜東北線の列車は輸送力増強のために10両編成となり、旧型国電は新しい車両にその座を譲って姿を消すことになる。モノクローム時代の写真ではあるが、古い国電車両と色鮮やかな新幹線という、新旧列車の色彩の対比を感じさせる1枚である。

1971年
（昭和46年）

提供：朝日新聞社

1955年
（昭和30年）

かつての有楽町駅周辺は「今日の映画はロードショー」とヒット曲に歌われた、封切館が並ぶ映画街であった。そんな時代を示す看板、ポスターが高架下に並んでいる。

提供：朝日新聞社

千代田区　港区　品川区　大田区　川崎市　横浜市　鎌倉市

この当時、有楽町駅では新しいホームの増設工事が行われていた。
これは田端〜田町間で京浜東北線と山手線のホームを分離するも
ので、1956年11月にこの区間の6線化が完成する。これに伴って
常磐線の有楽町駅乗り入れは廃止された。新旧2つのホームでは、
屋根の位置や形などが大きく異なっていたことがわかる。

1951年
（昭和26年）

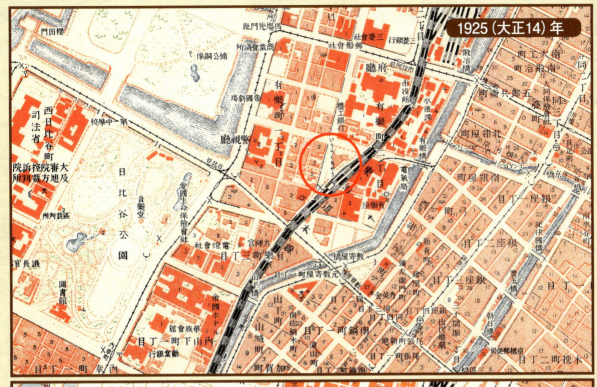

右側縦タブ: 千代田区 / 港区 / 品川区 / 大田区 / 川崎市 / 横浜市 / 鎌倉市

古地図探訪

有楽町駅付近

　ともに市電（都電）が走っていた頃、戦前（関東大震災前）、戦後の2枚の地図である。東京府庁は都庁に変わり、まだこの地にあった。上の地図に見えていた警視庁は、桜田町に移転し、その跡地には丸の内警察署が置かれている。国鉄線に沿って建っていた帝国ホテルにはライト館が加わり、位置などが変わっている。隣には華族会館が存在したが、その後、大和生命に変わっている。
　一方、銀座側には数寄屋橋が架かり、戦後も残ってした外濠はこの当時、東京駅側とつながっていた。関東大震災後には、朝日新聞社東京本社、日本劇場が誕生していた。弓町、新肴町、南鍋町といった古くからの地名は、銀座と銀座西に統一されている。北には京橋川が流れ、京橋のほか、城辺橋、紺屋橋が掛かっていた。

1982年
(昭和57年)

撮影：安田就視

新幹線が走る新橋駅の汐留口付近である。かつては手前・右側に初代新橋駅が存在し、その後は汐留貨物駅となっていた。新幹線の背景に見えるビルは1938年、新橋に開業した第一ホテル（現・第一ホテル東京）である。

2017年
(平成29年)

新橋駅

しんばし

開業年：1909（明治42）年12月16日　　所在地：東京都港区新橋2−17
ホーム：3面6線（高架）、1面2線（地下）　　乗車人員：271,028人　　キロ程：1.9km（東京起点）大宮から32.2km

「汽笛一声、新橋」から。日本の鉄道発祥の地
現在の駅は二代目、高架線の烏森駅でスタート

　「鉄道発祥の地」として有名な新橋駅の開業は、1872（明治5）年10月の新橋〜横浜（現・桜木町）間の開通時であることは周知の事実である。このときに誕生したのは、後に貨物駅となった汐留駅であり、現在の新橋駅はそれに変わった二代目（当初は烏森駅）の駅である。旧新橋駅の跡地は1965（昭和40）年に国の史跡に指定され、汐留駅の廃止（1986年）後、JR東日本が「旧新橋停車場鉄道歴史展示室」を開設している。

　現在の場所に烏森駅が開業したのは1909年12月、浜松町（品川）〜烏森間の京浜電車の開通時である。この高架線が有楽町・東京駅へ延伸して、東海道線が完成した。現在の新橋駅は高架部に東海道線、山手線、京浜東北線の島式3面6線、地下に横須賀線の島式1面2線のホームが存在する。京浜東北線は3・6番ホームを使用している。なお、京浜東北線は、日中は快速運転のため、この鉄道発祥地の駅を通過する。1934（昭和9）年には、東京地下鉄道（後の銀座線）の新橋駅が開業した。

　現在は東京メトロ銀座線、都営地下鉄浅草線に新橋駅が存在し、連絡駅となっているほか、お台場、豊洲方面に向かうゆりかもめ（東京臨海新交通臨海線）との接続駅でもある。駅の出入口は銀座口、烏森口、汐留口、日比谷口が存在し、日比谷口の駅前広場には、蒸気機関車（C11292）が静態保存されている。

大正初期に誕生して、烏森駅から二代目新橋駅となった赤レンガ造りの駅舎は、関東大震災、第二次世界大戦の戦災にも耐えて残り、復旧された姿でそのまま使用されていた。この当時は、新橋駅前に京王帝都の路線バスが乗り入れていた。

1968年
(昭和43年)

撮影：山田虎雄

千代田区

港区

品川区

2017年
(平成29年)

新橋駅汐留口の駅前には「鉄道唱歌の碑」が建ち、C58蒸気機関車の動輪が保存されている。

2017年
(平成29年)

SL広場に向けて開かれている新橋駅日比谷口。駅前にはニュー新橋ビルのほか、飲食店が入るビルが並ぶ。

1977年
(昭和52年)

撮影：高野浩一

京浜東北線から中央快速線（三鷹電車区）に転属する103系の一部が転出前に塗装変更したために発生したオレンジ色の大船行き。

大田区

東海道線を通る京浜電車（現・京浜東北線）の高架区間の駅として、1909年に烏森駅の名で開業した二代目新橋駅。鉄道発祥の駅として現在も東海道線の列車も停車し、横須賀線の地下ホームも存在する。

1988年
(昭和63年)

撮影：安田就視

川崎市

横浜市

鎌倉市

噴水があった頃の新橋駅日比谷口前広場。現在はSL広場としても有名である。また、サラリーマンの聖地としてマスコミに注目され、街頭テレビの設置や号外の配布、街頭インタビューなどが行われてきた場所でもある。

中央通りを都電が走っていた頃の銀座7丁目付近。都バスや自動車に囲まれながら、窮屈そうに走っていた。通りの両側のビルも銀行などの看板がひしめき合い、息苦しそうな表情を見せていた。

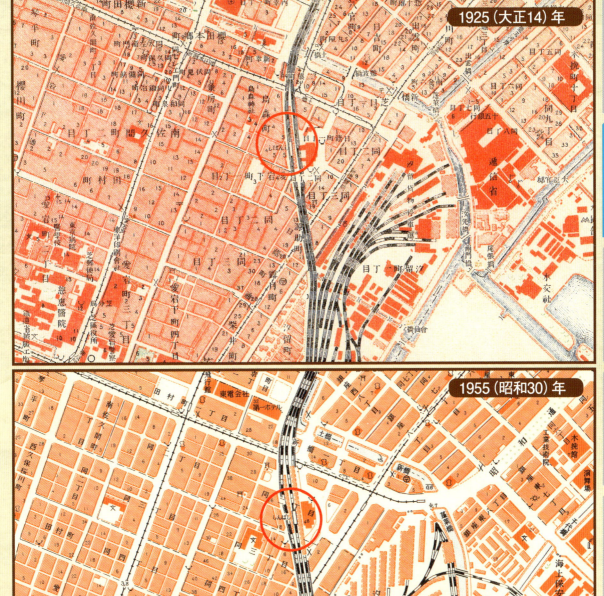

1925（大正14）年

1955（昭和30）年

千代田区

港区

品川区

大田区

川崎市

横浜市

鎌倉市

古地図探訪

新橋駅付近

　鉄道発祥の地である新橋付近は、交通の要地であるとともに、初期の官公庁が集まる場所でもあった。築地側には海軍省が存在したほか、上の地図では、通信省（後の郵政省、総務省）が見える。その南には、海軍関係の水交社があり、戦後は海上保安庁水路部などに変わっている。下の地図では、この方面に引き込み線が延びている。

　上の地図でも、既に初代新橋駅は汐留貨物駅に変わり、現在の新橋駅（二代目）が誕生している。その後、姿を消した汐留貨物駅は、上の地図では、北側に駅舎の存在が確認されるが、下の地図では貨物ホームが並ぶ形になり、配線も変わっている。駅西側では、（旧）烏森駅の由来となった烏森神社に由来する烏森町、兼房町などの古い地名が田村町となり、現在はさらに塗り替えられている。

大門通りに開かれている浜松町駅の北口。奥に東京モノレールの浜松町駅とつながる駅ビルが見える。右側には駅と連絡する世界貿易センタービルが建ち、道路の先には芝大門・芝公園が存在する。ガードをくぐって左側に進めば、竹芝桟橋に至る。

浜松町駅

はままつちょう →

開業年：1909（明治42）年12月16日　　所在地：東京都港区海岸１－３－１
ホーム：２面４線　乗車人員：155,294人　キロ程：3.1km（東京起点）大宮から33.4km

モノレールで、東京の空の玄関口・羽田空港へ 地下鉄の大門駅に連絡。世界貿易センタービルも

　浜松町駅は1909（明治42）年12月、東海道線の新しい電車線である、品川〜烏森（現・新橋）間の開通時に開業している。このとき、将来の東京駅の開業に向けて、従来の東海道線から分かれて烏森駅方面に向かう高架線が誕生し、浜松町・田町・烏森（後の新橋）の３駅が設置された。現在の駅の構造は、島式ホーム２面４線を有する地上駅で、橋上駅舎を有している。かつては、東京貨物ターミナル駅に向かう貨物線が通っていた。

　この駅は、1964（昭和39）年に大きな転換点を迎える。東京オリンピック開催を前にして、同年９月に東京モノレールの浜松町駅が開業した。この東京モノレール線は、首都の空の玄関口である羽田空港と結ばれており、

世界の国々から日本にやってくる人を、同線経由で浜松町駅に迎えることになった。また、10月には連絡駅となる都営地下鉄１号線（現・浅草線）の大門駅が開業した。1970年には駅前に40階建ての超高層ビル「世界貿易センタービル」が誕生している。現在は、乗り換え駅として都営地下鉄大江戸線に大門駅が設置されているほか、世界貿易センタービル別館１階には、長距離バスが発着する浜松町バスターミナルが存在する。

　「浜松町」の地名、駅名の由来は、江戸時代には芝（浜）の一部で、遠州（静岡）浜松出身の権兵衛が名主を務めたことから、「浜松町」といわれるようになった。

1968年
（昭和43年）

京浜東北線の大宮方面行きが走る浜松町駅北口のガード下付近。駅の売店には「でんわ」「たばこ」の平仮名が見え、行き交う人もそれほど多くはない。小型のバスやタクシーが走る道路の整備も、まだ十分ではなかったようだ。

京浜東北線の列車の手前には、水と緑に恵まれた浜離宮恩賜庭園が広がる。江戸時代、甲府藩主だった徳川綱重が別邸を建て、その子で六代将軍となった徳川家宣のとき、将軍家の別邸（浜離宮）となった。現在は都立庭園である。

1982年
（昭和57年）

撮影：安田就視

千代田区

港区

品川区

大田区

川崎市

横浜市

鎌倉市

1964年（昭和39年）

東京オリンピック開幕を目前としていた1964年9月17日に東京モノレールが開通し、浜松町駅で記念式典が行われた。ホームにはくす玉が用意され、テープカットのセレモニーが行われようとしていた。

提供：朝日新聞社

1964年（昭和39年）

この東京モノレールは、前年（1963年）5月から工事が始まり、わずか1年半ほどで開通にこぎつけた。これは浜松町駅付近の風景で、旗を飾った記念列車が見える。行先である当初の終点駅の羽田駅は、現在の天空橋駅付近である。

撮影：荻原二郎

昭和島埋立地を走る東京モノレール。当初は浜松町〜羽田（現・天空橋）間に中間駅は置かれておらず、3両編成の列車が往復していた。料金も片道250円、往復450円と高額で、利用者も少なかった。

提供：朝日新聞社

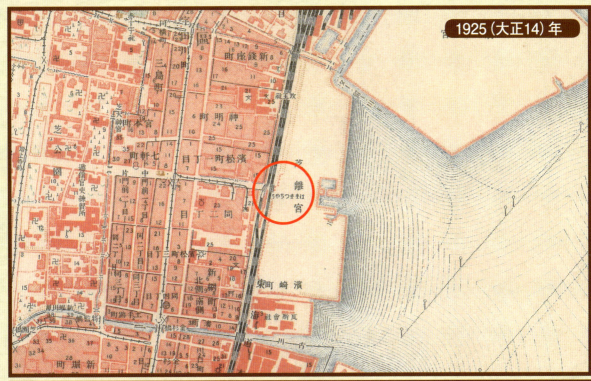

1925（大正14）年

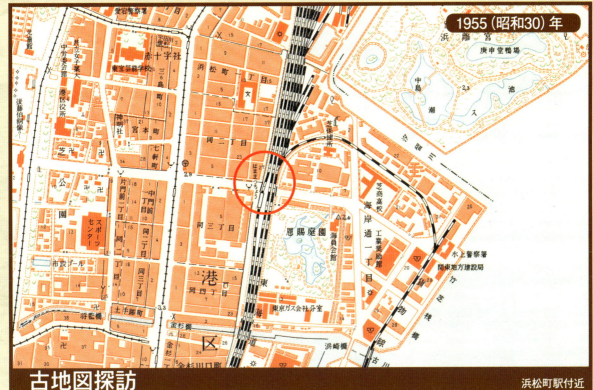

1955（昭和30）年

古地図探訪

浜松町駅付近

　海側に浜離宮、芝離宮が存在した上の地図から、その後に埋め立てが進み、下の地図では貨物線が通る埋立地が誕生している。この土地には、芝商業高校、工業奨励館、水上警察署などが誕生している。東京水上警察署は2008年に廃止され、新たに東京湾岸警察署が誕生している。芝離宮は、芝離宮恩賜庭園となっている。
　地図の北側には日本赤十字社本社が存在し、現在はビルに変わっている。このあたりを通ってきた市電（都電）は、大門方面に延び、浜松町駅前に至っていたが、戦後の地図では駅前への路線は廃止されている。また、下の地図では日本赤十字社の周辺に東宝芸能学校、共立（女子）薬科大学が見える。共立薬科大学は2008年、慶應義塾と合併し、同大学薬学部となっている。

千代田区
港区
品川区
大田区
川崎市
横浜市
鎌倉市

撮影：安田就視

慶應義塾大学の最寄り駅である田町駅の三田口（西口）。この頃はまだ、駅前に学生相手の飲食店が残っていた。すぐ手前（北側）には第一京浜（国道15号）が通っており、駅前の空間がかなり狭い。

1977年（昭和52年）

1970年（昭和45年）
撮影：山田虎雄

2017年（平成29年）

田町駅

たまち

開業年：1909（明治42）年12月16日　所在地：東京都港区芝5−33−36
ホーム：2面4線　乗車人員：152,624人　キロ程：4.6km（東京起点）大宮から34.9km

1909年に開業、品川駅との間に新駅の計画も
東海道本線の名列車が在籍した田町電車区が存在

　田町駅は浜松町、烏森（現・新橋）駅とともに、1909（明治42）年12月、東海道線の品川〜烏森（現・新橋）間の電車線開通時に開業している。当初は西側の三田口しかなかったが、1926（大正15）年に跨線橋を渡った先の東側に芝浦口が開業した。現在の田町駅の構造は、島式ホーム2面4線の地上駅で、橋上駅舎を有している。

　三田口側を走る第一京浜（国道15号）の地下には、1968（昭和43）年に都営地下鉄1号線（現・浅草線）の三田駅が開業している。また、1973年には、日比谷通りの地下に都営地下鉄6号線（現・三田線）の三田駅が誕生し、連絡駅となった。

　「田町」の駅名は西口一帯にあった地名に由来する。「芝田町」と呼ばれることもあり、江戸時代に田畑から町屋に変わったことで生まれた地名とされる。現在は「芝」「三田」の住居表示となっている。

　田町駅から品川駅にかけての線路沿いには、田町電車区、東京機関区、品川客車区などが広がっていた。田町電車区は1930（昭和5）年に誕生し、東海道線の準急「東海」や特急「こだま」などが配置された名門電車区だった。2004（平成16）年に田町車両センターと変わり、2013年に東京総合車両センター田町車両センターに改組された。2020年には、この田町〜品川間に京浜東北線と山手線の新駅（仮称・品川新駅）が誕生する予定である。

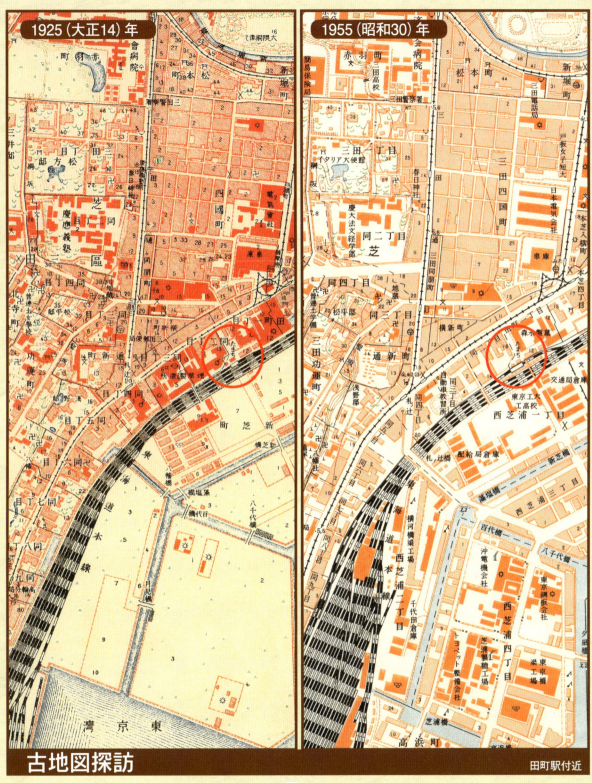

1925（大正14）年

1955（昭和30）年

古地図探訪

田町駅付近

　左の地図では、東海道・京浜東北線の走る東（海）側には埋立地が広がっているものの、工場などはほとんど開設されていない。田町駅の付近には、東京第二煙草製造所が存在した。ここは、東京における煙草工場のひとつで、西新宿（淀橋）に第一製造所、浅草（蔵前）に第三製造所が存在した。駅の西側には浅野邸、松平邸、松方邸、三井邸などがある屋敷町となっており、右の地図でも浅野、松平邸はそのまま残っている。松方邸はイタリア大使館に変わり、三井邸は三井クラブとなっている。こうした邸宅に囲まれて慶應義塾のキャンパスが存在し、現在、東側は大学、西側は中学校、女子高校となっている。左の地図では空白となっていた海側の埋立地にも沖電機会社、東京鋼板会社、芝浦製糖会社、トヨペット整備会社などの工場が進出している。

千代田区
港区
品川区
大田区
川崎市
横浜市
鎌倉市

1982年
(昭和57年)

撮影：安田就視

1872年の開業以来150年近い歴史の中で、大きく変遷してきた品川駅と周辺の風景。この時代はまだ、国鉄駅も巨大化しておらず、隣りの京急品川駅とも大きさのバランスが取れていた。京浜デパート品川店は現在、ウィング高輪イーストとなっている。

2017年
(平成29年)

品川駅

しながわ →

開業年：1872（明治5）年6月12日　　所在地：東京都港区高輪3−26−27
ホーム：8面15線　　乗車人員：371,787人　　キロ程：6.8km（東京起点）大宮から37.1km

文明開化の1872年、品川〜横浜間で仮開業
山手線との分岐点、現在は東海道新幹線も停車

　田町駅までは隣り合わせのホームだった京浜東北線と山手線は、この品川駅ではお互いが分かれ、京浜東北線は隣り合わせの3番（大宮方面）・4番（大船方面）線を使用することとなる。品川駅は東海道線（上野東京ライン、宇都宮線・高崎線・常磐線）、京浜東北線、山手線、横須賀線（総武快速線）などが使用する1〜15番線、東海道新幹線が使用する21〜24番線が存在する巨大駅で、京急線（1〜3番線）が乗り入れており、都内でも近年最も大きく変化した駅のひとつである。

　品川駅は1872（明治5）年6月、日本最初の鉄道である品川〜横浜間が仮開業した際に開業している。同年10月には、新橋〜横浜間の鉄道が正式に開業したが、この当時は東京湾の海岸沿いの小さな駅だった。当初は東

海道線だけだった品川駅は、1885年に日本鉄道の品川線（現・山手線）が開通して接続駅となった。1933（昭和8）年に京浜急行が品川〜北品川間の新路線を開設し、国鉄品川駅構内への乗り入れを果たした。1968（昭和43）年には、泉岳寺駅まで延伸し、都営地下鉄1号線（現・浅草線）との相互乗り入れも開始した。2003（平成15）年には、東海道新幹線に品川駅が誕生し、現在は「のぞみ」も停車している。

　江戸時代、品川には東海道最初の宿場が置かれ、江戸と西国を行きかう人々で大いに賑わった。「品川」の地名のルーツは諸説あるが、目黒川の下流が「品川」と呼ばれたことによるといわれる。

終戦後まもない1947年、国鉄初のジュラルミン電車である63系がデビューして、京浜東北線を走ることとなった。この車両は前年、川崎車両兵庫工場で6両が製造されたもので、品川駅の荷物ホームで試運転のときを待っている。

改築工事中だった国鉄品川駅は、年が明けた1953年1月、九分通り工事が終わり、完成に近づいていた。当時の総工費で約3000万円。2階建ての駅舎が誕生し、東西を結ぶ地下道も整備されることになっていた。

現在のように巨大な新幹線乗り換え駅に変わる前、平屋の本屋があった品川駅港南口の風景である。この周囲は倉庫や車庫などがほとんどで、利用者もそれほど多くはなかった

千代田区

港区

品川区

大田区

川崎市

横浜市

鎌倉市

1955年
（昭和30年）

品川駅の京浜東北線北行の
ホームに停車しているクハ
16形800番台青帯車。現在
は東京の「南の玄関駅」に
大躍進した品川駅であるが、
当時はまだ牧歌的な雰囲気
が漂っていた。

1960年
（昭和35年）

この年、2年前に登場した「こだま」に加えて、新しい電車特急「つば
め」が東海道線に投入されようとしていた。戦前から東海道線を走る
看板列車だった列車特急の「つばめ」は、1960年6月から、151
系電車を使用して電車特急と変わり、毎日2往復、東京・大阪間で運転
されることになった。この写真は、品川駅で試運転を待つ様子である。

1964年
（昭和39年）

高圧（三万ボルト）の電気が
きています。あぶないです
はいってはいけません。

東京運転所長

1964年10月、東京～新大阪間を結ぶ東海道新幹線の開通で、東海道
線の列車事情も大きく変わることとなる。これは同年7月、開業を約
3か月後に控えて、八ツ山橋下にあった東京運転所（品川運転所）に並
ぶ新幹線0系電車の雄姿である。

1965年
（昭和40年）

タクシーが多く客待ちをし
ている品川駅前の風景であ
る。品川駅を起点としてい
た都営トロリーバスは、
1956年に品川駅前～渋谷
駅前間が開通したが、わず
か10年ほどで、1967年に
廃止されている。

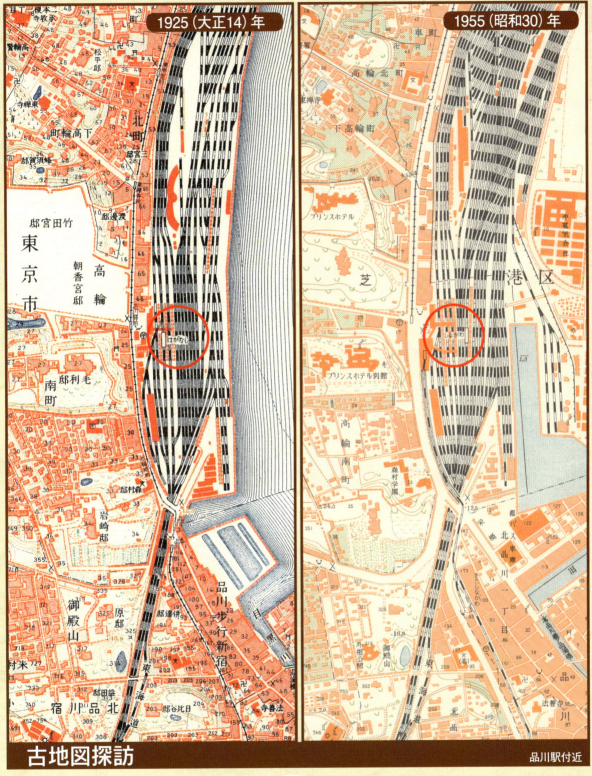

1925（大正14）年

1955（昭和30）年

古地図探訪

品川駅付近

　左の地図では、中央を走る東海道線・京浜東北線を挟んで、東側は海であり、西側は邸宅が並ぶ街となっている。八ツ山橋の北側、品川駅付近では、鉄道が東京湾に面した海岸線を走っていた。一方、南側では旧東海道が走り、両側に宿場町が広がっていた。地図では「品川歩行新宿」と記されている。こちら側にも日比谷邸、伊達邸が存在した。
　一方、鉄道の西側で大きな土地を占めていたのが、品川駅付近の浅香宮邸、竹田宮邸である。この浅香宮邸は、後に目黒駅付近に移り、現在は東京都庭園美術館となって残っている。跡地には、プリンス（西武）系のホテルが建っている。その北側には、臨済宗妙心寺派の寺院、東禅寺が見える。ここには幕末、イギリス公使館が置かれていた。

千代田区
港区
品川区
大田区
川崎市
横浜市
鎌倉市

『港区史』に登場する東海道本線

鉄道（院線、省線、国鉄）

　港区ことに旧芝区の地が、わが鉄道史上永世に残る一事は、いうまでもなく明治5年（1872）9月12日、明治天皇臨幸のもとに、わが国最初の鉄道開通式の盛儀を新橋駅（新橋鉄道館　現在の汐留駅）に挙行し、天皇は親しく新御料車に乗られて、新橋、横浜間を往復されたことである。以来、この新橋駅は汐留駅と改称するまで、東京の門戸として交通運輸上重要な地位を占め、内外人に東京といえば新橋駅と、数十年間も親しまれたのである。

　当時、新設の線路はほぼ東海道に併行または近接し、ことに田町附近より品川までは芝浦の海の中に防波堤を築造して線路を架設したので、南風の強いときは窓から波のしぶきが入ったと云われた。しかし明治時代の人々に愛唱され、今日では思い出の歌となった大和田建樹の『鉄道唱歌』の歌詞の中に、愛宕山、四十七士墓（泉岳寺）品川台場があるように、東京市街内の鉄路は芝地区の地上のみを汽笛一声とともに勇ましく走り、このことは芝住民の誇りの一つであった。さらに同地区内には当初より新橋駅以外に、品川駅を加えて二ヵ所もあり、さらに後年、田町、浜松町の両駅も増設されたのである。

　ちなみに、わが国一般の人々はこの鉄道の知識については殆んど皆無であり、わずかに海外渡航の者や洋学者の一部を除いて、一般の人がその実物運転を見たのは新橋開通式前後で、当時蒸気車、小火輪車、岡蒸気、汽車等の漢字をあてていた。

（中略）

　新橋駅構内も、その後次第に整備され、東京の名所として、その案内記ならびに風景名所帖、絵葉書に必ず構内、外観などが紹介されたほどで、ここに明治34年の『新撰東京名所図会』の記事を引用して、その頃の駅の景況をうかがうこととする。

　新橋停車場は、汐留一丁目一番地に在り、我が国鉄道工事、最初の建築にして東海道線の首駅たり、石造の大厦に、北面して立てり、先づ石階を登りて、場内に入れば、前面三等切符の売場あり、此に対して北の方即ち左右入口の中央に一、二等切符及び寝台附並に、回数切符の売場あり、左即ち東の方には、一、二等客と貴婦人の待合室、右即ち西の方には、三等客の待合室と、小荷物取扱所あり、南面プラットホームに至る方には、左に便所、右に小荷物渡所並に人力車切符の売場あり、又楼上には壺屋出張所の料理店あれば、随意に飲食するを得べく、楼下プラットホーム入口には此汽車は某地行と白書せし黒板発車の毎回に掲げて注意しあれば、乗客は発車時刻表と相対照し、送迎人も此に在りて入場（券料二銭）すべし。

　童児の口すさめる鉄道唱歌には「愛宕の山に入り残る月を旅路の友として」とある。乗客発程の処は、此停車場にして、味爽より夜半に至るまで汽笛の声高く、新橋に響き、煤煙の影横に芝浦を掠め、行李を携えて来り湊ふ者、或は下車する者、粉々擾々として絶る時なし、33年度の報告書に拠れば、旅客人員は二千四百九拾七万九百九拾七人にて、其の賃金は八百三拾三万八千七百拾九円九拾三銭、入場券は七拾二万四千三百二拾九枚なり、以て其の繁栄なるを知るべし。

　その後、新橋上野間の連絡として電車専用の高架線の開通により、明治42年（1909）12月16日ルネッサンス式三階の烏森駅が新設され、大正3年（1914）12月20日東京駅の竣工開通より、高架線に汽車が運行することとなったので、同線の前記烏森駅は新橋駅と改称し、わが鉄道史上の新橋駅名を不朽に伝えることとし、従来の新橋駅は地名にちなんで汐留駅と改称して貨物専用駅とした。

　しかるに同12年9月1日の大震火災にて両駅は破壊焼失したが、新橋駅は直に復旧をはかり、27日仮駅舎を急造し、わずかに電車専用駅としたが、これまで列車利用の烏森、新橋、銀座かいわいの市民は列車駅の復旧をしばしば出願し、翌13年7月に至り湘南列車の停車を見、さらに同14年3月土橋口を新設し、丸の内、日比谷の乗降客の便をはかった。同15年3月9日罹災駅の改築も竣工し、10日より急行列車も停車し、さらに昭和9年（1934）6月21日東京地下鉄道の新橋、浅草間の開通によって、ここに地下鉄との連絡もできた。

　爾後、新橋駅は地上地下の両鉄路をつなぐ重要な駅となった。

　また汐留駅の旧新橋駅の由緒ある二階建は大震災で失われたが、しばらく仮駅で運輸にあたり、その後まもなく昭和11年3月鉄筋コンクリート白色、二階建ガラス張りの清新明快な近代的なものに復興し、運輸の諸施設も次第に完備し、さきに同5年8月1日に開業の芝浦埠頭駅と相俟って、名実ともに貨物集散所としての機能を発揮するに至った。

　なお明治5年9月新橋駅開通当時の起点とその線路の一部は、当時のまま史跡として保存され、今日、これを見る者はうたた懐古の情にうたれるのであった。

品川駅　田町駅　浜松町駅　芝浦駅

　品川駅は称呼に反して品川区に属せずに港区内で、しかもその東南端にある。これは恰も品川の台場が港区に大部分入っておることと同じことである。品川駅は新橋駅と異なった意義で、わが国、最初の鉄道開通の記念のところである。それは明治5年5月6日に、新橋横浜間

の開通式に先き立って、品川、横浜間に始めて汽車を運転したことで、当時は太政大臣三条実美以下関係の高官等が乗車の上、両地間を往復し、翌日よりは仮開業として一般に利用させたのである。

さらに品川駅として鉄道史上に残ることとしては、明治天皇が新橋駅開通式にさき立って、始めて汽車に乗られて、所謂、汽車の旅を経験されたことである。明治5年5月近畿、中国、九州地方を巡幸の砌に、その帰路、7月12日に汽船で横浜に上陸の後、野毛山下駅より品川駅まで乗車されたことで、このことは新橋開通式の盛事にうばわれて、世人に忘れられている鉄道史上の一事である。

（中略）

この品川駅は、最初は現地よりも稍南方八ツ山の下の海浜近くにあり、まだ芝浦埋立が実施されぬ時代で、その線路は海浜に沿う線路用埋立の長堤上に敷設されたので、大波の折は時々線路を洗うこともあった。後、駅構内拡張によって明治29年ほぼ現在のところに駅舎を移転新築したもので、山手線の開通によってその分岐点となり、さらに京浜電車の起点、市電の終点に接地し、また駅頭は各種自動車バスなどの集散地として港区南端の交通の重要地となり、芝浦埠頭をひかえ貨物駅としても汐留駅につぐ機能を発揮している。なお太平洋戦争中、駅舎の改築を中止し、終戦後漸く竣工したが、都内の他の門戸となる駅に比していささか遜色の感を深くする。現在駅舎の前左手に同駅開業記念碑がある。

田町駅、浜松町駅は明治42年12月新橋、品川駅間の運転電車の中間駅として新設され、その両駅乗降客の緩和の役目を果し、芝地域の官衙会社学校等の通勤、通学に利用されている。芝浦駅は竹芝、日之出両桟橋、芝浦埠頭の貨物運輸のために設けられた臨港駅で、海陸の中継作業にあたり、線路は新橋、汐留両駅間で分岐している。

明治
後期

東京駅が開業するまで、帝都の玄関口であった。

大正
時代

烏森駅が2代目新橋駅となったが、関東大震災で被災した。

千代田区

港区

品川区

大田区

川崎市

横浜市

鎌倉市

1987年
(昭和62年)

国鉄大井町駅の西口は、品川寄りの都道420号に面した北側に位置している。東口は線路を挟んだすぐ東側にあり、西側には隣接する形で東急大井町線の大井町駅が存在する。一方、ホーム中央付近には中央口が開かれている。

2017年
(平成29年)

大井町駅

おおいまち

開業年：1914（大正3）年12月20日　**所在地**：東京都品川区大井1-2-1
ホーム：1面2線　**乗車人員**：104,230人　**キロ程**：9.2km（東京起点）大宮から39.5km

1901年に大井聯絡所誕生、1914年に駅昇格
現在は東急大井町線、りんかい線との連絡駅に

　この大井町駅の起源は明治時代、東海道線と山手線支線の分岐点となった大井聯絡所にさかのぼる。1901（明治34）年3月、大井聯絡所が開設され、8月に大崎駅に至る山手線支線（貨物線）が開通した。この貨物線は1916（大正5）年に廃止されている。

　1914（大正3）年12月、東京駅が誕生し、京浜線の列車運転が開始された際に聯絡所から駅に昇格し、大井町駅が誕生した。1927（昭和2）年に目黒蒲田電鉄（現・東急）大井町線の大井町〜大岡山間が開通し、連絡駅となっている。2002（平成14）年には東京高速臨海鉄道りんかい線の大井町駅も開業している。

　「大井町」の駅名は、かつて東京府荏原郡に存在した町名でもある。江戸時代からあった「大井村」が1908年に「大井町」に変わったが、当時の町名が駅名に採用された形である。1932年に東京市（現・東京都）に編入され、品川区の一部となった。現在は駅所在地の大井1丁目など、「大井」の地名が使用されている。元の地名は「井戸」に起源があるとされるが、詳細などは不明である。

　この駅の北西には、JR東日本の東京総合車両センターが広がっている。ここはかつての山手電車区、大井工場で、山手線の電車が配置されている。JR東海の新幹線車庫である大井車両基地は、かなり距離が離れた海（東）側の品川区八潮に存在している。

戦前に目黒蒲田電鉄としてスタートした大井町線と連絡する大井町駅は、京浜東北線の中では、どこか庶民的な雰囲気が漂う駅だった。東側には京浜急行の鮫洲駅があり、かつては東京湾の海岸線も近かった。

1970年
(昭和45年)

撮影：荻原二郎

京浜東北線は首都圏の重要通勤路線でありながら新性能化は中央線や山手線に比べて遅く、103系新製車の投入による旧型国電の置き換えが開始されたのは1965年であった。車体色はスカイブルーが採用され当初は8連であったが1966年から10連が登場した。

1975年
(昭和50年)

撮影：河野 豊(RGG)

2002年、大井町駅東口に新駅舎(アトレ大井町2)が誕生した。これはその前、地平駅舎だった時代の姿である。東側にはゼームス坂上の交差点が存在し、この道路(都道420号)をさらに進めば、池上通りや第一京浜と交わることとなる。

1987年
(昭和62年)

撮影：森嶋孝司(RGG)

千代田区

港区

品川区

大田区

川崎市

横浜市

鎌倉市

大井三ツ又商店街の間をすり抜けるように走っていた東急バス。この頃は戦前に誕生した旧型バスが使用され、駅前から大井三ツ又商店街を抜けて、伊藤公墓地前、荏原営業所を経由して、再び駅に戻る循環ルートを走っていた。まだ道路状態も悪く、歩行者は狭い道路でバスを避けるようにして歩いている。

手前には東海道線・京浜東北線を跨ぐ跨線橋、大井町駅東口が見え、奥には大井銀座の商店街が続いている。オート三輪やボンネットバスが走っていた、1954年の風景である。「丸に大」の看板がある大丸百貨店は、井門グループが経営する月賦百貨店だった。

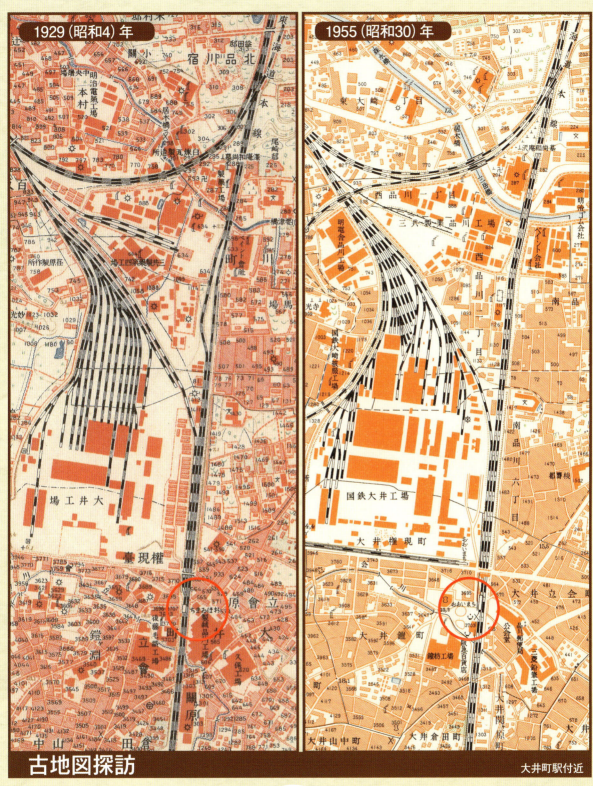

1929（昭和4）年

1955（昭和30）年

古地図探訪

大井町駅付近

千代田区
港区
品川区
大田区
川崎市
横浜市
鎌倉市

地図の北側は、上の地図では北品川・南品川であり、下の地図では東大崎一丁目となっている。中央部分には国鉄の大井工場（現・JR東日本東京総合車両センター）が広がり、南側の大井町に大井町駅が置かれている。2枚の地図においては、東京府荏原郡大井町から、東京市をへて、東京都品川区に変わっている。駅付近には工場が多数存在し、左の地図では後藤毛織工場、製絨品川工場、久保工場が見える。このうち、西側の工場は右の地図では鐘紡工場に変わり、東側では三菱鉛筆工場が生まれている。ここには現在、三菱鉛筆の本社が存在する。戦後の地図では、東側に品川郵便局、公会堂が誕生しており、現在はきゅりあん区立総合区民会館となっている。西側には、阪急百貨店大井町店が誕生している。

33

かつては駅前まで、京急の大森支線が来ていた大森駅の東口。駅周辺の道路には当時のループ線の名残がある。この写真の当時、既に駅ビルとなっており、駅前には平和島競艇場などに向かうバスが発着する、広い駅前広場が整備されていた。

2017年
(平成29年)

大森駅

おおもり

開業年：1876（明治9）年6月12日　**所在地**：東京都大田区大森北1−6−16
ホーム：1面2線　**乗車人員**：95,189人　**キロ程**：11.4km（東京起点）大宮から41.7km

鉄道開業から4年後、1876年に新駅として誕生
江戸時代から海苔の産地、明治に貝塚が発見

　大森駅の開業は、1876（明治9）年6月で、当時は品川〜川崎間の唯一の中間駅であった。1900年に誕生した「鉄道唱歌」の東海道篇では、「梅に名をえし大森をすぐれば早も川崎の・・・」と歌われている。ちなみに、「梅屋敷」のあった蒲田駅の開業は、この歌が誕生して4年後の1904年である。

　現在は単独である大森駅だが、1901年2月に京浜電気鉄道（現・京急電鉄）の大森支線、大森停車場前〜八幡（現・大森海岸）間が開通したことで、一時は連絡駅となっていた。この大森支線は1937（昭和12）年に廃止されている。JR大森駅と京急の大森海岸駅の距離は約500メートルで、現在、調査・計画中の蒲蒲線となるJR蒲田

駅と京急蒲田駅の距離とほぼ同じである。

　この大森駅の構造は、島式ホーム1面2線の地上駅で、橋上駅舎を有している。出入口は3か所で、池上通り側に西口、海側に東口、北口が存在する。

　大森といえば、江戸時代から、江戸前の海苔の産地として有名であった。明治維新後の1877年には、「日本考古学の父」と呼ばれるアメリカ人、エドワルド・S・モースが後に東海道線となる車中から発見した古代の貝塚が、「大森貝塚」として有名になった。このときの発掘品は国の重要文化財に指定されている。「大森」の地名の由来も、古来より人が暮らしていた「大きな森」が存在したことによるとされる。

池上通り（都道421号）に面して開かれている大森駅西口（山王口）。改築前の駅舎である。駅前の空間はさほど広くなく、駅に近い通り裏の山王小路飲食店街には、現在もレトロな雰囲気の店が残っている。

1965年
（昭和40年）

撮影：荻原三郎

2017年
（平成29年）

大森駅の駅舎は改築されて、東西自由通路をもつ中央改札口が設けられた。これは現在の西口（山王口）の駅前風景である。

1965年
（昭和40年）

撮影：荻原三郎

現在のような駅ビル（アトレ大森）に改築される前の大森駅東口である。この駅前には、ロータリーが設けられていた。

この当時の大森駅東口付近（大森北1丁目）では、駅前ロータリーの建設工事が行われていた。奥には、戦前には八景坂と呼ばれた道路の西側に、高級住宅地として開発された、西口側の高台（山王地区）に並ぶ住宅が見える。

1952年
（昭和27年）

提供：朝日新聞社

千代田区

港区

品川区

大田区

川崎市

横浜市

鎌倉市

鶴見線を走った車輌 …【101系】

首都圏で最後まで残っていた73形を置き換えるために、1979年末から冷房車導入で余剰となっていた中央・総武緩行線の非冷房101系36両が投入され、翌1月20日には101系に統一された。これにより首都圏から72・73形は姿を消した。しかし、大川支線用のクモハ12は101系などの20m車が武蔵白石駅のホームに支障するためそのままとされ、鶴見線の完全新性能化はなされなかった。

101系の導入により前面に方向幕が掲出されてるようになった鶴見線だが、支線が多く行き先が複数あるため行き先ごとに色分けがなされるようになった。当初は非冷房車で構成されていた同線の101系であったが、中央快速線で使用していた101系冷房改造車が転属し、わずかながら冷房化が始まった。この中には、試作冷房車も含まれていた。1990年7月からは冷房付きの103系が投入され、非冷房車から順次置き換えてられ、1991年10月にさよなら運転をし、翌年5月に引退した。

1988年（昭和63年）

横浜線、根岸線、鶴見線を走った車輌 …【103系】

■横浜線・根岸線

1972年に横浜線の72・73形の置き換え新性能化用として4両1編成が蒲田電車区に配置された。この当時は相原～八王子間が4両編成にしか対応しておらず、72・73形は橋本で分割併合をしていた。この区間の7両編成対応化と横浜線複線化に合わせて新性能化を進めることとなり、翌年からは103系冷房化対応で玉突きとなった非冷房車が山手線と京浜東北線から74両転入してきた。これにより、半数以上の新性能化を達成するとともに1974年には全区間での7両編成での運行が開始された。

当時の横浜線の列車は転属元の車体色のスカイブルーとウグイス色が混結されており、京浜東北線との誤乗防止の為に正面に大きく横浜線と書かれたステッカーが掲げられた。1979年には一部区間の複線化と橋本などの電留線が強化され、全列車7両編成化と増発を行うため山手線より49両が転属してきた。この時に72・73形の置き換えが完了し、新性能化を達成した。新性能化で一息つくと思われたが、京浜東北・根岸線の蒲田～大船間のATC化が迫ることとなり、先頭車がATC対応の高運転台車に順次置き換えられていった。全線複線化や根岸線大船まで乗り入れ区間の延長などがあり、最終的には7両編成25本体制となった。

全線複線化から数年後の1988年より205系の投入が始まり、追われる立場になった103系は1989年2月26日のさよなら運転をもって引退した。横浜線の103系天下の時代は10年ほどとそれほど長くはなかった。

■鶴見線

鶴見線への103系の投入はかなり遅く、1990年に中央線や南武線よりクモハ103の入った3両編成が転属してきた。これにより101系の非冷房車を置き換え、さらに冷房化されていた101系も置き換えた。1992年には103系化が完了するが、転属してきた103系の中には未更新車が含まれており、これを置き換えて鶴見線は更新車で統一された。押し出された103系は仙石線へ転属した。鶴見線の103系は3両編成9本の体制となった。

1996年には大川支線のクモハ12が引退し、103系が後を引き継いだ。 この後、205系に置き換えられるまで車両の動きはなかった。2004年8月から205系への置き換えが始まり、翌年4月までに予備車を除き引退。最後に残った1編成がしばらく走り続けていたが、2005年12月に鶴見小野駅で車両故障を起こし、そのままひっそりと引退した。

1979年（昭和54年）

撮影/小林公宏

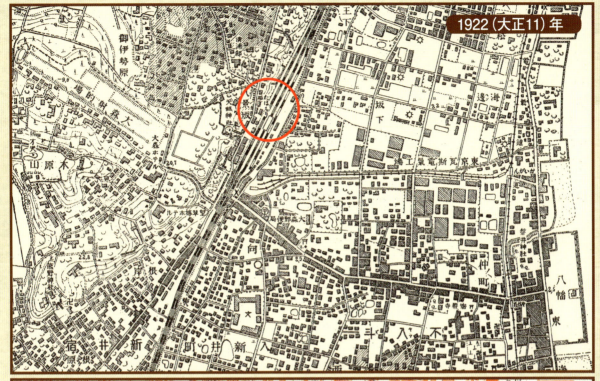

1922 (大正11) 年

1955 (昭和30) 年

古地図探訪

大森駅付近

　大森駅の西側は高台となっており、江戸時代以来、東京湾を見渡せる景勝地だった。山王口前の池上通りの坂道は「八景坂」と呼ばれ、坂の上には天祖神社があり、明治時代には梅の名所として知られた庭園「八景園」も広がっていた。この地は後に高級住宅地として売り出され、住宅やホテルなどが誕生している。上の地図では、大森射的場が存在し、南側には大森ホテル、望翠楼ホテルが見える。ここは「馬込文士村」と呼ばれた、周辺地区に住む作家、文人たちが集う場所となっていた。

　一方、東（海）側には京浜急行の大森支線が大森海岸駅から大森停車場前駅まで延びていた。また、左の地図でも東京瓦斯電気工場などが操業していたが、右の地図では、富士自動車工場、いすず自動車工場、蛍光ランプ工場として記載されている。

東口に「パリオ」、西口に「サンカマタ」の駅ビルが並び建っていた頃の蒲田駅西口である。2つの駅ビルは1962年と1970年にオープンして蒲田駅の顔となってきたが、2008年に統合されて新しい駅ビル「GRANDUO蒲田」に生まれ変わった。

2017年
（平成29年）

蒲田駅

かまた

開業年：1904（明治37）年4月11日　**所在地**：東京都大田区蒲田5−13−1
ホーム：2面3線　**乗車人員**：144,072人　**キロ程**：14.4km（東京起点）大宮から44.7km

1904年に国鉄駅、東側に京急蒲田駅が存在
東急多摩川・池上線と接続し、蒲蒲線の計画も

　現在、羽田空港（東京国際空港）へのアクセス線として、蒲蒲線の調査・計画がすすめられているのが、JRと東急が乗り入れる蒲田駅である。2020年の東京オリンピックに向けての新線であるが、さかのぼれば戦後の1940〜50年代には、アメリカ軍が物資輸送に使用していた蒲蒲連絡線が存在した。この線路跡は現在、道路に転用されている。

　蒲田駅は1904（明治37）年4月の開業であり、その3年前（1901年）には、東側に京浜急行の蒲田（現・京急蒲田）駅が誕生し、翌年には穴守線（現・空港線）も開通している。こちらは1925（大正14）年に「京浜蒲田」に駅名を改称し、1987（昭和62）年に現在の駅名となった。一方、

国鉄の蒲田駅には、1922年10月に池上電気鉄道（現・東急池上線）が開通して駅が誕生。翌年には、目黒蒲田電鉄目蒲線（現・東急多摩川線）が開通し、それぞれの連絡駅となっている。

　現在の蒲田駅の構造は、島式ホーム2面3線の地上駅で、橋上駅舎を有している。東急線との連絡は、時代とともに大きく変遷しているが、現在は南西側に隣接する形で、頭端式4面5線のホームを有する高架駅として、東急の蒲田駅が存在する。また、この蒲田駅の南西には、1923年に品川電車庫・蒲田分庫として誕生し、京浜東北線の電車基地であった蒲田電車区が存在した。現在は大田運輸区と変わっている。

国鉄蒲田駅の南東側上空から見た、駅周辺の空撮である。この年には東口の駅ビル「バリオ」が完成した。一方、跨線橋で結ばれていた西口側には、駅ビルの姿はなく、連絡橋でまだ地上駅だった時代の東急線蒲田駅と結ばれている。東口側には、三和銀行のビルも誕生しているが、西口側には戦災から復興した街の名残があった。

1962年
（昭和37年）

千代田区
港区
品川区
大田区
川崎市
横浜市
鎌倉市

提供：朝日新聞社

1974年
（昭和49年）

103系の応援として京浜東北線を走ったスカイ
ブルーの101系は1970年に3編成が転入した
のが最初である。翌年にはさらに増強されて最
盛期には5編成が103系とともに活躍したが、
1978年までに全車転出して姿を消した。

撮影：荒川好夫（RGG）

1961年
（昭和36年）

撮影：荻原二郎

蒲田駅東口では戦後間もなくに誕生した、バラックの駅舎が昭和30年
代まで使用されていた。1962年に駅ビル「パリオ」が誕生し、新旧駅
舎が交替することとなる。

1961年
（昭和36年）

撮影：荻原二郎

東口側と同様に、蒲田駅西口においてもバラックの駅舎は長く使用され
ていた。1970年にようやく駅ビル「サンカマタ」が誕生する。

1960年
（昭和35年）

提供：大田区

つぎはぎが目立つバラック屋根の地平駅舎だった頃の蒲田駅東口。一方、駅の周辺では新しいビルも建て始めていた。駅前の空間は広いものの、
自動車やタクシー、バスの数はまだ少なかった。

1922（大正11）年

1955（昭和30）年

千代田区

港区

品川区

大田区

川崎市

横浜市

鎌倉市

古地図探訪

蒲田駅付近

　北の東京寄りから、市街地に変わってきている蒲田駅周辺の地図である。大正期に作成された上の地図では、南側はほとんどが農地として残されていた。その境目付近には、新潟鉄工所、黒澤工場などが存在するが、注目すべきは松竹蒲田撮影所である。1920年に開所された、この映画撮影所は野村芳亭、城戸四郎らが所長を務め、小津安二郎、成瀬巳喜男らが監督として名作映画を生み出した。1936年には、松竹大船撮影所に全機能を移して閉鎖された。この北東、京浜急行の蒲田（現・京急蒲田）駅前には、日本自動車学校が存在した。一方、国鉄駅の西側からは、池上電気鉄道（現・東急池上線）が北西に延びていた。その後、目黒蒲田電鉄目蒲線が加わり、下の地図では東急の2路線となっていた。国鉄蒲田駅との間には連絡通路が存在した。

1987年
（昭和62年）

鉄道開業以来の駅であり、京浜東北線の主要駅のひとつである川崎駅は、常に進化し続ける駅でもあった。この頃は橋上駅舎化の工事が進められており、駅前広場、タクシー乗り場も整備されていた。橋上駅舎の工事は1988年に完成する。

2017年
（平成29年）

川崎駅

かわさき →

開業年：1872（明治5）6月5日　　所在地：川崎市川崎区駅前本町26−1
ホーム：3面6線　乗車人員：209,480人　キロ程：18.2km（東京起点）大宮から48.5km

旧東海道に川崎宿あり、川崎大師の参拝客も利用
日本最古の駅のひとつ、大師線は京急のルーツ

　京浜東北線は、多摩川の流れと国道409号を越えて、今度は神奈川県内を走ることになる。次の川崎駅は1872（明治5）年7月、新橋～横浜間の鉄道が正式に開業する前、品川～横浜間の仮開業時に誕生している。川崎市（中心部）の玄関口であり、駅の東側には川崎市役所、川崎区役所が存在する。

　現在は東海道、京浜東北線とともに南武線が存在し、連絡駅となっている。また、かつては東海道線の貨物支線が浜川崎駅まで延びていた。このうち、南武線は1927（昭和2）年に、私鉄の南武鉄道として川崎～登戸間が開通し、1944年に国有化された。駅の構造は島式ホーム3面6線を有する地上駅で、橋上駅舎を有している。京浜東北線は3・4番ホームを使用している。

　このJR川崎駅のすぐ東側には、京急本線の京急川崎駅が存在する。ここからは大師線が分岐しており、川崎大師（平間寺）の参詣客が多く利用する。大師線は京急ルーツであり、1899年、川崎（後に六郷橋）～大師（現・川崎大師）間が開通、当時は「大師電気鉄道」と名乗っていた。こうした鉄道が開通する以前、江戸時代の川崎は、品川に続く東海道2番目の宿場町で、明治維新後は川崎4宿が「川崎駅（地名）」となり、1889年に川崎駅と堀之内村が合併して川崎町が成立。1924（大正13）年に川崎市、大師町、御幸村が合併し、現在の川崎市が誕生している。

川崎駅は1959年、神奈川県初の駅ビルである「駅ビルかわさき」となった。地上5階、地下1階の近代的な建物で、国鉄と地元が共同で出資して商業施設を設けたもので、当時は民衆駅と呼ばれていた。

1968年
(昭和43年)

撮影：山田虎雄

1968年
(昭和43年)

撮影：荻原二郎

再開発される前の川崎駅西口は長い間、簡素な地平駅舎のままだった。右奥には跨線橋が見える。

鮮やかな車体が印象的な南武線の101系。総武・中央緩行線から転入したカナリア色が南武線のラインカラーとなった。現在はE233系に統一されている。

1981年
(昭和56年)

撮影：髙野浩一

高架化された京浜急行線が通る川崎駅前。奥には川崎日航ホテルとともに、この年（1988年）に開店した丸井川崎店が見える。丸井川崎店は、商業施設「川崎ルフロン」の核店舗となっていたが、2018年1月で閉店することが決まっている。

1988年
(昭和63年)

撮影：安田就視

千代田区

港区

品川区

大田区

川崎市

横浜市

鎌倉市

『川崎市史』に登場する川崎市電

臨海工業地帯への通勤者が利用する交通機関は京浜電気鉄道大師線と臨港バスが中心となっていた。当時のバスは、戦時中のため木炭代用車が多く、資材が不足したこともあり車輌の稼働率は低下していた。大師方面の工場では、川崎方面からバスで約1時間、大師線大師駅から徒歩で40分かけて通勤する従業員が多く、通勤に多大な時間がかかった。このような通勤難を解決するため、同18年10月、市内交通機関関係者ならびに利用者を交えた市内交通問題懇談会が開催された。各交通機関が相互の連絡を密にして輸送力の増強をはかるとともに、臨海地域への通勤者を優先輸送するためにただちに市営電車建設を行うよう市当局に対し強い要望を出したのである。

これを受けて川崎市は、「戦争完遂」という国家的要請に基づく生産の増強のためには、臨海工業地帯の労働者の輸送や市民の交通難の緩和は緊急の課題であると同意し、同年12月市議会に市営電車建設事業計画案を提出した。その案は市営軌道の補助的役割を分担するバス路線と大師線を買収し、市内交通事業調整の試みとして、東海道線以東の市内交通を一手に掌握するという内容で、建設事業費は総額1000万円、財源は市債・指定寄付金999万6000円、一般市費4000円という特別会計を設け、2か年で完成する計画であった。路線は図版3にみるように、京浜川崎駅を起点として、臨海工業地帯を通過し産業道路を横断後、臨港バス専用道路を通って大師駅に達する全長12キロメートルの全線複線軌道を予定した（『市史』資料4上113）。

このような市の計画は、同じような趣旨で大師線延長を計画していた東京急行電鉄と競願のかたちとなり、運輸通信省は両者の意見を審理した結果、両者それぞれの区間を分割して建設することで決着した。そして、東京急行電鉄は川崎大師―日本高炉前間が、川崎市は路線計画を一部変更させ、同19年3月30日付で古川通―東渡田間2.835キロメートルの第1期線の敷設が特許された。資材入手の困難な時期であったが、沿線予定の事業会社から資材の提供をうけ、工事は順調に進んだ。この軌道建設には日本文学奉公会や漫画奉公会などが勤労奉仕として参加し、突貫作業で進められたため、早くも19年10月14日、川崎駅―東渡田間の営業を開始した。

車輌は東京都電から5輌譲り受け、その後箱根登山鉄道へ改良注文した3輌と合せて7輌で運行し、動力は関東配電株式会社から受電した。（『市営交通40年の歩み』）。

営業開始時の乗車料金は全線均一で、普通乗車券10銭、軍人乗車券5銭、回数乗車券13枚綴1円とし、定期乗車券は普通9円、学生6円、工場労働者7円50銭（各3か月）とした。

第2期線として、桜本3丁目までの1.6キロメートルの延長工事は、終戦前の20年4月1日に完成し、全線開業の運びとなった。さらに12月6日、大師線と川崎市の軌道とが桜本3丁目で接続し、川崎大師―桜本―川崎の全線開通が実現した。こうして川崎市電は臨海工業地帯への工場従業員の輸送機関として戦争末期まで大きな役割を果たしたのである。

1929（昭和4）年

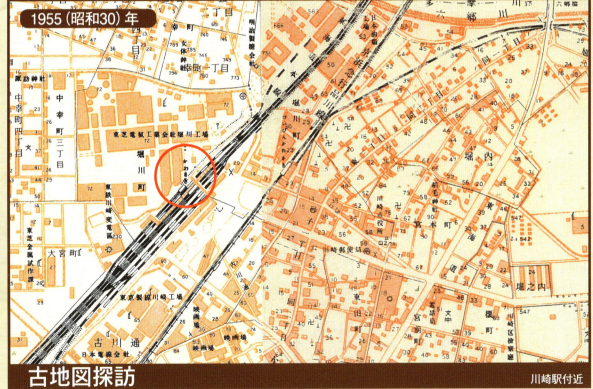

1955（昭和30）年

古地図探訪

川崎駅付近

　国鉄と京急が並行して走る川崎駅付近では、当初は東側に市街地が形成されていった。こちら側には、江戸時代以来の東海道も通っている。一方、駅の西側は東京電気会社が広い用地を確保しており、下の地図では東芝電気工業会社堀川工場に変わっている。上の地図では、この南西に農地が残っているが、下の地図では東鉄川崎変電区、東芝金属試作課が誕生している。

　一方、駅の東側では、川崎市役所、川崎郵便局、神奈川税務署とともに、実科（高等）女学校、稲毛神社などが存在している。このうち、川崎市立実科高等女学校は、戦後に移転して、川崎市立川崎高等学校となっている。また、稲毛神社は、江戸時代には「山王権現」とも呼ばれた古社で、8月の例祭は「川崎山王まつり」として知られる。

千代田区

港区

品川区

大田区

川崎市

横浜市

鎌倉市

45

1961年
（昭和36年）

千代田区

港区

品川区

大田区

川崎市

横浜市

鎌倉市

川崎民衆駅（東口駅ビル）の前には新旧の路線バスが列を成し、そうしたバスに乗り込もうとする人々が長い列を作っている。手前を走るのは高架化される前の京浜急行線と川崎市電。両者が通過する踏切の両側にも多くの人が待つ姿がある。日本が人口減少に向かう前、高度経済成長の先頭を走っていた川崎駅前のワンシーンである。

『川崎市史』に登場する海岸電気軌道

海岸電気軌道の創立

省線とは別に、川崎鶴見臨海工業地帯の海岸沿いに鉄道の敷設が計画され、大正9年（1920）11月、海岸電気軌道会社が創立された。同社は京浜電気鉄道の子会社であり、取締役社長に青木正太郎が就任したのを初め、発起人や株主などは京浜電気鉄道の役員で占められた（『京浜急行80年史』）。

軌道敷設工事は大師と総持寺の両終点から起工し、総持寺一富士電機会社間、大師一桜橋間が竣工した。その間、埋立地に日本石油や芝浦製作所鶴見工場などの大工場が続々と進出してきたため、海岸電気軌道の営業開始は沿線工場から待望され、大正14年6月5日に総持寺一富士電機前間が、8月15日に浅野セメント前一川崎大師間が、10月16日に富士電機前一浅野セメント前間がそれぞれ開業した。

軌間は当時の京浜電気軌道と同じ1372ミリメートルであり、電気軌道方式は単線運転のため、1マイルごとに待避線を設けた。そして、「専属職員ハ実際上コレヲ設置セズ、必要業務ハ京浜電気鉄道株式会社在籍職員ヲ以テ執行スル」（『鉄道省文書』 巻1 京浜急行

神奈川県立文化資料館架蔵複写資料蔵）こととし、車輌もすべて京浜電気鉄道から譲り受けた。このように、海岸電気軌道会社の管理運営などの一切が京浜電気鉄道の手によって行われたため、「海岸線」と呼ばれ、支線扱いされた（『京浜急行80年史』）。

「海岸線」の経由地は、多くの工場が立ち並んでいたために、各停留所には工場名を冠した名称がつけられた。

大正14年12月、塩浜停留所の新設にともない、出来野・池上新田の2停車場の位置が変更され、昭和2年1月には下新田停留所も新設された。

開通した海岸電気軌道は貨車を配し、川崎・鶴見の臨港地区で短距離輸送を行ったが、営業主体は臨港地帯の工場従業員の通勤輸送にあった。しかし、会社設立から全通までの間に経済情勢は悪くなり、営業成績は伸び悩み、欠損を生じた。そのうえ、海岸線と並走する鶴見臨港鉄道が旅客営業を計画したことにより、事態はいっそう厳しくなることが予想された。負債の肩代わりをしていた親会社の京浜電気鉄道は、独立採算による経営は困難であると判断し、同社を鶴見臨港鉄道へ譲渡することに決定した（『京浜急行80年史』資料13）。昭和5年（1930）3月1日、海岸電気軌道は鶴見臨港鉄道に吸収合併され、全通から約4年半という短い営業を終えた。

鶴見臨港鉄道の開通

大正13年（1924）2月、浅野総一郎・大川平三郎・白石元治郎ら企業家7人が発起人となり、鶴見臨港鉄道会社の設立を計画した。海岸電気軌道が埋立地への工場の新設・増加にともなう通勤輸送に着目して敷設されたのに対し、鶴見臨港鉄道は埋立地の企業家が貨物輸送の利便を求めて創立したものであった。

大正13年（1924）4月26日に浜川崎一弁天橋間、白石一大川間、安善一石油間の敷設免許が下り、7月には東京市日本工業倶楽部で会社設立総会が開催され、代表取締役に浅野総一郎が就任した。本社は東京駅前の海上ビル内に設置され、建設事務所は潮田町と末広町2丁目に置かれた。人員は、鉄道従業員および役員を含めて19人であった（同右）。

工事は埋立地間の運河に71の橋梁を架けることから始まり、大正14年下期から線路の敷設工事に入った。翌年3月早くも浜川崎一弁天橋間および大川支線が開通した。ところが残る安善一石油間の石油支線は、工事区間における橋梁の地盤が軟弱なため工事が延期され、4月10日に至ってようやく営業を開始した。ちなみに「工事竣功監査報告書」には「機関車ニ満載セル貨車六輛ヲ連結シ平均十二、三哩ノ運転速度ヲヲ以テ」走行する単線蒸気鉄道であったと記載されている（『鉄道省文書』1、監督 鶴見臨港鉄道巻1 神奈川県立文化資料館架蔵複写資料蔵）。

その後、沿線主要工場が続々と専用引込線を敷設したことにより、5月末には1日の貨物取扱量が400トンを超え、収入も300円以上に達した。同社はこの「漸進的好成績」（「営業報告書」『鉄道省文書』1監督 鶴見臨港鉄道巻1 交通博物館蔵）によって生じた輸送貨車不足に対しても、日本車輌会社に鋼製の有がい貨車を発注し、6月の株主総会では資本金を100万円から300万円へ増資することが決定された（同右）。

昭和3年5月、複線化工事が開始され、8月18日には浜川崎一扇町間の扇町線も営業を開始した。当時、扇町地域の埋立工事の進展とともに、鉄道省の火力発電所の設置や三井物産会社の埠頭建設も進行していた。これらの工事が完成し、三井物産の埠頭作業が開始されると、三井埠頭からの「石炭ノ出貨遂日増加シ、期末十一月ニ於テハ発着合計頓数二万一千七百頓ニ及ビ、前年同月ニ比シ、約二割四分ノ増加ヲ示」すという活況を呈したため輸送に当たる臨港鉄道も繁忙を極めた（『第9回営業報告書』『鉄道省文書』1監督 鶴見臨港鉄道巻1 交通博物館蔵）。こうして、第1期事業は終

了し、第2期線の工事である弁天橋から東海道線鶴見駅に連絡する区間の工事が昭和3年3月末に着手された。同区間の工事は、当社全区間の中でも最も難工事といわれ、鶴見川鉄橋を初め京浜新旧国道京浜電鉄・東海道本線横断跨線橋など、大半が高架であるうえ、橋梁箇所も7か所におよび、工事は予定より大幅に遅れた。

臨港鉄道は本来貨物輸送を目的としていたために蒸気を動力としていたが、昭和4年4月に電化工事の認可を受け、各工場従業員輸送の利便を考慮し、旅客輸送用の電車運転計画を立てた。昭和5年10月に電化工事が完成し、10月28日、扇町―浜川崎―弁天橋を経て鶴見に至る全線の電車運転が開始された。しかし、本山前から鶴見駅までの工事が残り、鶴見から扇町までの全通は昭和9年（1934）2月23日になった。このようにして臨海埋立地域の輸送体系はしだいに整備された。

鉄道網が整備されると、臨海部の各工場からの貨物が急増してきた。これらの工場貨物を一手に輸送したのが鶴見臨港鉄道であり、昭和初期の同社の営業報告書によると、貨物取扱は多品種にわたっており（「第11・12回営業報告書」『鉄道省文書』1監督　鶴見臨港鉄道巻1　交通博物館蔵）、沿線工事の状況をうかがうことができる。まず、発送貨物トン数の多い品別を列挙すると石炭・揮発油・石油・重油などの重化学工業品関係が目だっている。そのほか国内消費量の増加にともない、小麦・稗・小麦粉などが主たるものになってきた。また到着貨物では、砂利・石灰石・砂を初め、鉄類・不工材などが上位を占め、なかでも砂利と石灰石は高い比重を占めており、多くは浅野セメントの各工場に輸送された。セメントの原料となる石灰石は、青梅鉄道・五日市鉄道を経由して南武鉄道で浜川崎まで運ばれた。

さらに鶴見臨港鉄道は前述のように沿線工場の従業員の増加によって旅客営業を開始し、路線に並走する海岸電気軌道を合併した。これにより、臨海部における唯一の通勤輸送機関となり、沿線の貨物輸送と加えて重要度は高まっていったのである。

臨海部と浜川崎駅

川崎・鶴見・横浜にかけての臨海埋立地域への工場進出は、同地域をいっそう発展させた。同地域に最初に敷設された鉄道は川崎―浜川崎間の貨物線である。同線は省線東海道線として川崎駅を始発とし、浜川崎駅まで4キロ1分の区間の貨物専用線であった。終点の浜川崎駅は川崎駅長の管理する駅として大正7年5月1日、橘樹郡田島村渡田に置かれ、京浜工業地帯の重要な貨物専用駅として、営業を開始した（『稿本　浜川崎駅史』）。

臨海部の埋立・浚渫は続けられ、昭和3年三井埠頭（川崎埠頭の前身）、同4年日満埠頭（東洋埠頭の前身）が完成して操業を始めた。翌5年に昭和電工、6年に三菱石油の両工場もあいついで設立され、操業を開始した。さらに「満州事変」を契機とする軍需景気によって企業の拡張・新設がなされ、昭和10年には日本鋼管扇町工場が、同11年には昭和電線が、同13年には日本鋼管大島工場が操業を開始した。浜川崎駅から渡田地区にかけての各工場には専用線が敷設され、浜川崎駅の入換機関車によって各工場側線に貨車が入線された。その間の昭和5年には南武鉄道が乗入れを行い、鶴見臨港鉄道も路線を扇町まで延長している。とくに鶴見臨港鉄道は、先述のように旅客線と貨物線が並行し、扇町―浜川崎駅―安善―浅野間の輸送路が確立したため、浜川崎駅の重要性はますます高まっていった。

千代田区
港区
品川区
大田区
川崎市
横浜市
鎌倉市

鶴見駅東口には1965年、新しい駅ビル「つるみカミン」が誕生し、長く鶴見駅前の顔となっていた。その後、2008年に閉館するこの駅ビルに代わり、2012年には「CIAL鶴見」が新たに開業している。

鶴見駅

つるみ

開業年：1872（明治5）年10月15日　所在地：横浜市鶴見区鶴見中央1-1-1
ホーム：1面2線（地上）、2面2線（高架）　乗車人員：80,182人　キロ程：21.7km（東京起点）大宮から52.0km

南武線・鶴見線・武蔵野線・東海道貨物線の路線も
海側に延びる鶴見線のルーツは、鶴見臨港鉄道

　川崎駅とともに鶴見駅の歴史も古く、1872（明治5）年10月、新橋～横浜間の鉄道開業時に誕生している。「鶴見、神奈川あとにして・・・」と鉄道唱歌に歌われたように、西側の隣駅は神奈川駅（後に廃止）であった。現在は東海道線、京浜東北線のほか、鶴見線、武蔵野線、南武線（支線）などが通っているが、旅客列車（電車）が停車するのは、京浜東北線と鶴見線のみである。

　この鶴見線は1930（昭和5）年に鶴見臨港鉄道として開通し、聯絡する鶴見（仮）駅が誕生した。現在のような位置に駅が開業したのは4年後の1934年である。第二次世界大戦中の1943年に国有化されている。このほ

かに、貨物線である東海道貨物支線、高島線、武蔵野線、品鶴線（東海道線支線）が存在し、品鶴線は現在、横須賀線、湘南新宿ラインの旅客列車も利用している。鶴見駅の構造は、京浜東北線が島式ホーム1面2線の地上駅、鶴見線が頭端式ホーム2面2線の高架駅となっている。

　鶴見駅の西側には曹洞宗大本山、總持寺の境内が広がるが、この寺は1911年、能登（石川県）から移転してきた。この南側にはかつて、壮大な規模を誇る遊園地「花月園」があった。1946（昭和21）年の閉園後は、花月園競輪場が生まれ、公営ギャンブルの競輪レースが開催されていたが、こちらも平成22（2010）年に廃止されている。

現在は西友鶴見店が構える鶴見駅西口の駅前風景。後姿が見える路線バスは、この西口側からも横浜駅や川崎駅などに向かう横浜市営バス、川崎鶴見臨港バスが発着していた。

横須賀線の113系と東海道線の185系が快走する様子。この当時は東海道線と分離運転及び総武快速線との直通運転間もない頃で、西大井駅はまだ未開業である。

千代田区
港区
品川区
大田区
川崎市
横浜市
鎌倉市

京浜東北線と鶴見線の時刻表

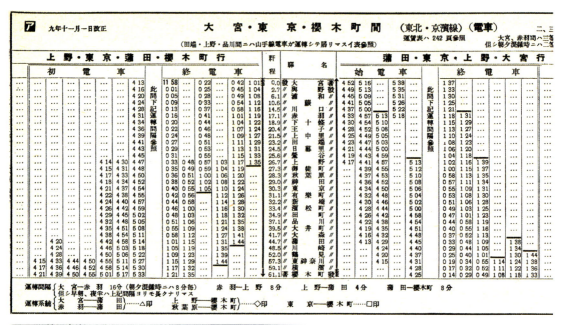

東北・京浜線電車 1934（昭和9）年

京浜東北線 1961（昭和36）年

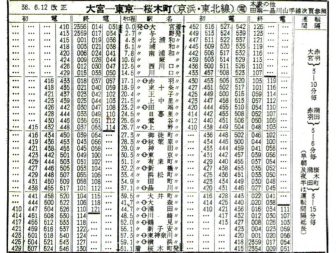

鶴見線 1961（昭和36）年

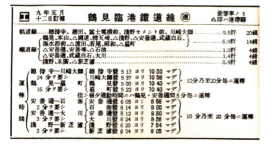

鶴見臨港鉄道 1934（昭和9）年

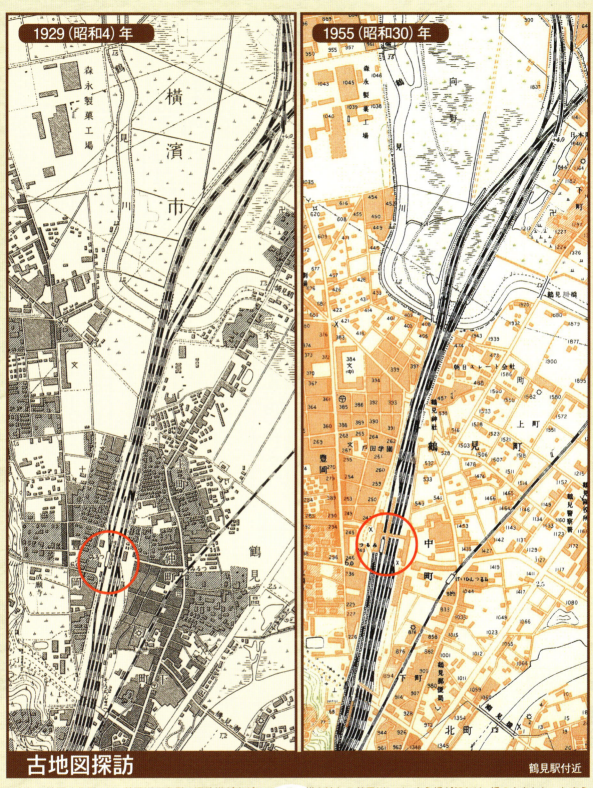

1929（昭和4）年

1955（昭和30）年

千代田区

港区

品川区

大田区

川崎市

横浜市

鎌倉市

古地図探訪

鶴見駅付近

　２枚の地図の北側には、鶴見川の東側に湿地帯が広がっている。横を流れる鶴見川には、森永橋が架かり、橋の由来となった森永製菓工場が存在する。ここには現在も森永製菓鶴見工場、森永製菓研究所があり、工場見学も実施されている。左の地図では、国鉄線と京急線に鶴見駅が存在している。京急の鶴見駅は1925年に京浜鶴見駅となり、1987年に現在の駅名である「京急鶴見」となった。その南側には、総持寺前駅が存在していたが、右の地図では廃止されている。

　一方、右の地図では、東側に鶴見区役所、鶴見警察署が生まれている。1921年に生見尾村から変わった鶴見町は、1927年に横浜市の一部となり、鶴見区が誕生している。その南側、大きく蛇行してきた鶴見川には、潮見橋が架かっている。

この新子安駅は駅舎とホームの上を、神奈川産業道路（県道6号）が跨ぐ形になっている。地上駅舎であり、左に見えるホームとは地下道で結ばれている。反対側には、京急新子安駅がある。

2017年
（平成29年）

新子安駅

しんこやす

開業年：1943（昭和18）年11月1日　　所在地：横浜市神奈川区子安通2−259
ホーム：1面2線　　乗車人員：22,934人　　キロ程：24.8km（東京起点）大宮から55.1km

1943年に駅開業、京急本線には子安駅が存在
「新子安」の駅名、地名は「子安観音」に由来

　第二次世界大戦の戦時下、1943（昭和18）年11月に開業したのが、この新子安駅である。当時は戦争中の物資不足のため、開業前日に廃駅となった東京・万世橋駅の資材、用品を使い回している。この駅付近には、軍需工場が多く、そこに通う工具のための駅開設であった。

　この駅の海（南）側には、京浜急行の「京急新子安」駅が存在する。こちらは1910（明治43）年の開業で歴史は古く、開業当時は「新子安」駅を名乗っていた。国鉄駅の開業で、改名したいきさつがある。このときに駅名は「京浜新子安」となり、1987（昭和62）年に現駅名となった。横浜駅側にある「子安」駅は1905年の開業で、現在まで同じ駅名を使っている。

　「新子安」の地名、駅名は總持寺の南にある真言宗智山派の寺院、子生山東福寺に由来する。この東福寺には、子育てで知られる「子生観音」があり、「子安観音」とも呼ばれていた。ここから子安村が生まれ、子安村は明治44（1911）年に横浜市に編入されて、横浜市子安町となった。現在は神奈川区に「子安台」「子安通」「新子安」の地名が存在する。

　「新子安」は駅名に用いられ、昭和11年から地名にも採用された。かつて、付近は京浜間の海水浴場として知られていた場所で、新子安海水浴場は昭和初期まで賑わっていた。その後に沖合が埋め立てられ、工場地帯に変わっている。

1964年（昭和39年）

東京オリンピックが開催された、1964年当時の新子安駅である。駅舎を跨ぐ神奈川産業道路（県道6号）はまだ開通していなかった。

EF58形電気機関車と並ぶ新子安駅に停車している103系。ホームに点字ブロックは未設置であり現在のようにバリアフリー化は進んでいなかった。

1980年（昭和55年）

快走する横須賀線の113系15両編成。現在はE217系に統一され、総武快速線（内房・外房・成田・鹿島線）と直通運転を行っている。また湘南新宿ラインや成田エクスプレスもこの線を使用する。

1984年（昭和59年）

千代田区

港区

品川区

大田区

川崎市

横浜市

鎌倉市

55

戦後まもない1946年、国電に蛍光灯照明車が導入された。裸電球が当たり前で電力事情も悪かった時代に、人々を照らす明るい光が国電車内に差した。この写真の車両は横浜線用モハ63形である。

京浜東北線が競合するのが京浜急行電鉄である。品川から鶴見までは微妙に距離をおいて走るが、鶴見～横浜間は線路が接近し、併走する光景も見られる。

1946年
(昭和21年)

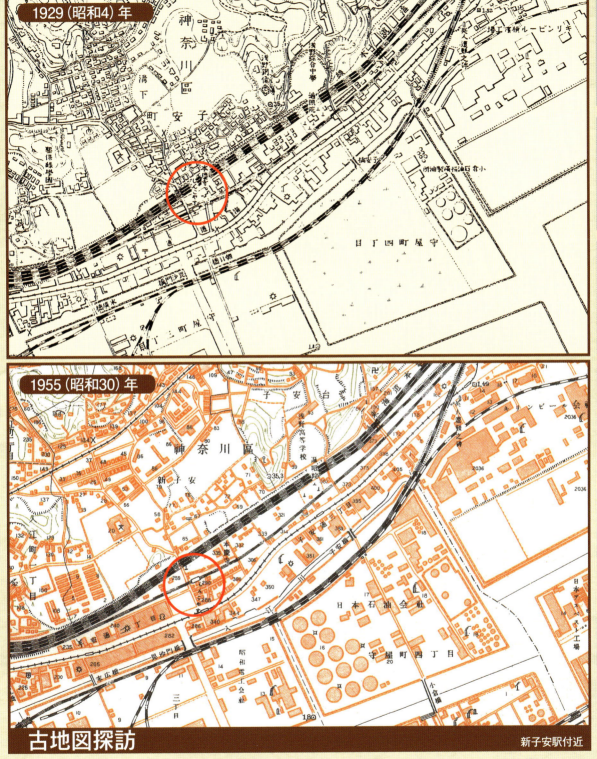

1929 (昭和4) 年

1955 (昭和30) 年

古地図探訪

新子安駅付近

　京浜急行線には、新子安駅が記載されているが、国鉄（東海道・京浜東北）線には駅は表示されていない（開業は1943年）。その南側、第一京浜には横浜市電生麦線が通り、生麦に至っていた。さらにその南側には、貨物線が通っている。かつての海岸線（浜）は、子安運河（子安川）と変わり、子安橋、毘沙門橋などが架けられている。上の地図では、埋立地に小倉石油横浜製油所、ビクター蓄音機会社が誕生している。下の地図では、日本石油会社、昭和電工会社などの用地となり、沖合にも工場が誕生している。一方、子安町から新子安、子安台に地名が変わった北側の高台には、さらに多く住宅が建てられている。この方面には、横浜市立子安小学校、浅野中学・高校が存在している。

千代田区

港区

品川区

大田区

川崎市

横浜市

鎌倉市

撮影：森嶋孝司（RGG）

1960年に改築された東神奈川駅であり、西口側から東口側を見た風景である。奥には、東口側の橋上駅舎が見える。京浜東北線・東海道線の線路を越えた自由通路は手前の西口側につながっており、さらに京急の仲木戸駅方面へと延びている。

東神奈川駅
ひがしかながわ

開業年：1908（明治41）年9月23日　　所在地：横浜市神奈川区東神奈川1丁目
ホーム：2面4線　乗車人員：35,984人　キロ程：27.0km（東京起点）大宮から57.3km

横浜線との連絡駅、鉄道開業時には神奈川駅も京急本線の仲木戸駅も、東神奈川1丁目に存在

　東神奈川駅は、京浜間の鉄道開業から３０数年が経過した1908（明治41）年９月の開業である。当時、この西側には、鉄道開業時に誕生した神奈川駅（後に廃止）が存在し、「鉄道唱歌」で「鶴見、神奈川あとにして・・・」と歌われていた。そのために「東」を冠した駅名である「東神奈川」駅となった。

　この駅を開設したのは、このとき東神奈川〜八王子間の路線を建設した横浜鉄道である。横浜鉄道は自前で駅舎、ホームとともに、国鉄の東海道線にホームを建設し、連絡駅に仕立てたのである。横浜鉄道はこの後、国鉄に借り上げられて八浜線となり、1917（大正６）年に国有化されて、横浜線となっている。現在の駅の構造は、

島式２面４線の地上駅で、橋上駅舎を有している。京浜東北線は１・４番線を使用し、一部横浜線からの直通列車が２番線を使っている。

　「神奈川」の地名の由来は諸説が存在する。江戸時代、東海道の三番目の宿場として、駅南側の神奈川本町付近に神奈川宿が存在した。また、それ以前から海側には「神奈川湊」が設けられ、東京湾内海交通の拠点となっていた。徳川幕府は両者を支配する神奈川陣屋を置いたが、幕末には神奈川奉行（所）を設置している。

　東神奈川駅には連絡駅として、京浜急行の仲木戸駅が存在する。仲木戸駅は1905年に開業、当時は「中木戸」の駅名だった。

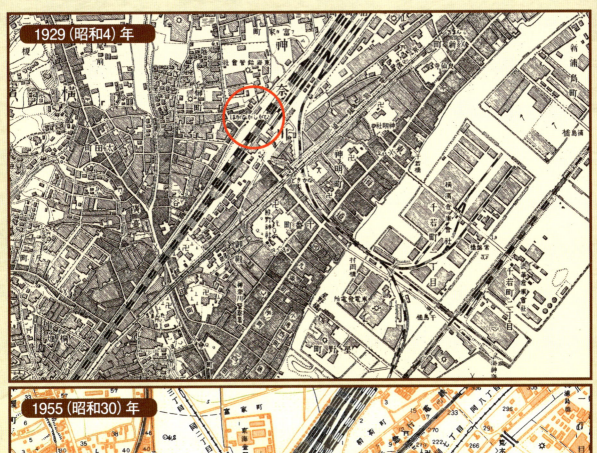

1929（昭和4）年

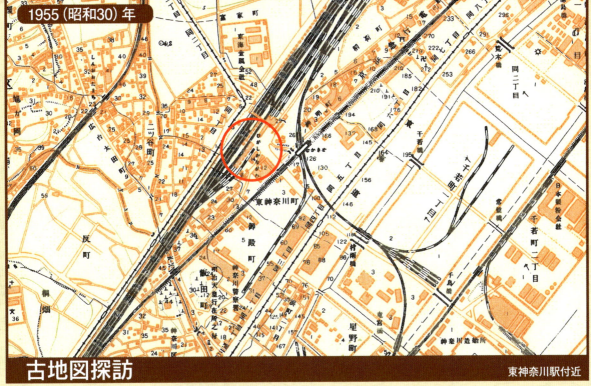

1955（昭和30）年

古地図探訪

東神奈川駅付近

　上の地図では、国鉄の東神奈川駅と京急の仲木戸駅が並んで存在し、東（海）側には、仲木戸駅付近を通過する貨物線が村雨橋を渡り、横浜倉庫会社方面に延びていた。下の地図と比較してみても、この海岸方面の貨物線、引き込み線は複雑に張り巡らされており、日本郵船会社、神奈川造船所などが置かれている。下の地図では、海側の第一京浜（国道15号）上に、生麦から東神奈川駅前を経由して、洲崎神社前に至る横浜市電の生麦線が誕生している。東神奈川駅西側では、東神奈川交差点から、神奈川県道12号横浜上麻生線が北西に延び、この上を走る横浜市電六角橋線は、六角橋停留所まで通っていた。また、さらに西側に東急東横線が開通し、新太田町駅が存在していた。この駅は1946年に廃止されたが、一時的に臨時駅で復活した。

千代田区
港区
品川区
大田区
川崎市
横浜市
鎌倉市

1928年に竣工した横浜駅の三代目駅舎。戦災で被害を受けたが、堂々たる外観はそのままの姿であった。しかし、その前の東口広場には色鮮やかな自動車、タクシーが並び、戦前とは一変したカラフルな世界が展開されていた。奥には、西口側のビルが見える。

撮影：荒川好夫（RGG）

2017年（平成29年）

横浜駅

よこはま →

開業年：1915（大正4）年8月15日　所在地：横浜市西区高島2−16−1
ホーム：4面8線　乗車人員：414,683人　キロ程：0.0km（横浜起点）大宮から59.1km

ミナト横浜の玄関口、現在の横浜駅は三代目駅
東急・京急・相鉄・横浜市営地下鉄・横浜高速鉄道との連絡駅

　現在の横浜駅は、歴史的には三代目の横浜駅であり、過去には初代と二代目の横浜駅が存在していた。初代の横浜駅が、京浜東北線（電車線）の終点駅となっていた桜木町駅であることを、御存じの方は多いはずである。

　初代の横浜駅は1872（明治5）年6月に開業している。京浜東北線の前身である「京浜電車」は、東京駅が開業する1914（大正3）年12月から運転が開始された。このときの横浜側の終点駅は、同年8月に開業した二代目横浜駅付近の高島町駅（後に廃止）であった。翌年には、桜木町駅まで運転されるようになり、高島町駅は横浜線の京浜ホームとされた。

　関東大震災で大きな被害を受けた二代目横浜駅に変わる形で、1928（昭和3）年に三代目である現在の横浜駅

が誕生した。現在では、JRの東海道線、京浜東北線、根岸線、横須賀線、横浜線、湘南新宿ラインとともに、京浜急行、東急、相模鉄道、横浜市営地下鉄、横浜高速鉄道も乗り入れる巨大駅となっている。

　現在のJR横浜駅は、島式ホーム2面4線の地上駅で、3番線を根岸線（大船方面）、4番線を京浜東北線・横浜線の列車が使用している。5〜8番線は東海道線、9・10番線を横須賀線、湘南新宿ラインが使用している。また、1・2番線は京急線が使用する通し番号となっている。改札口は、中央通路に面した中央北改札と中央南改札とともに、きた通路の北改札、みなみ通路の南改札の4つが存在する。

撮影：小野純一（RGG）

1962年、横浜駅西口に横浜ステーションビルがオープンし、駅前が新しく生まれ変わった。横浜高島屋が店を構えるこの西口側はこの後も、相鉄ジョイナスが誕生するなど、さらに大きな変化を重ねてゆくこととなる。

横浜付近で京急の浦賀行き普通とすれ違う様子。京浜東北・根岸線の103系カラーはスカイブルーであり他線でも過去に採用されていた。主な路線は京葉線、仙石線、中央西線、京阪神緩行線、阪和線、筑肥線などである。

撮影：安田就視

千代田区
港区
品川区
大田区
川崎市
横浜市
鎌倉市

1972年
（昭和47年）

車両工場を併設していた滝頭車庫に憩う横浜市電の1100型、1400型車両。行き先表示板にも見える「滝頭」は、江戸時代に禅馬村から分かれた滝頭村の地名に由来する。この滝頭車両工場・車庫の跡地には、1973年に横浜市電保存館が開館している。

1972年
（昭和47年）

13系統の横浜市電が桜木町駅を目指して、横浜銀行、第一勧業銀行などが並ぶ大通りを走る。この時代はまだ自動車の数は少なく、横浜でも市電と市バスが共存していた。

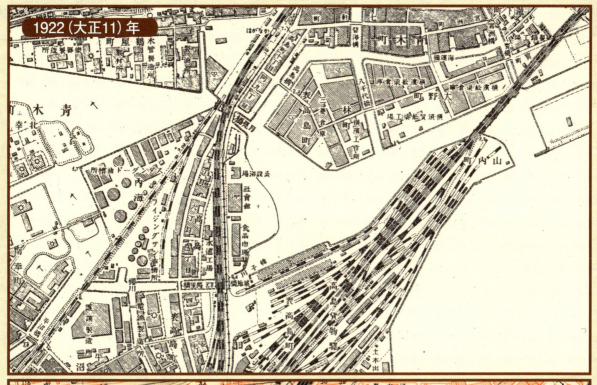

1922（大正11）年

1948（昭和23）年

千代田区

港区

品川区

大田区

川崎市

横浜市

鎌倉市

古地図探訪

横浜駅付近

　上下の地図を比べてみると、鉄道開業時に置かれた神奈川駅（後に廃止）と、現在の横浜駅（三代目）がかなり近い距離にあることがわかる。初代の横浜駅である桜木町駅は、地図外の南側にあたり、中間付近には、東側に見える高島貨物駅とともに、高島町駅が存在した時代もあった。桜木町駅に至る東海道電車線（京浜東北線、現・根岸線）の路線は、上の地図では、東海道（国道1号）に沿って南下する形であった。その東側には、公設浴場、社会館、食品市場が存在していた。

　下の地図では、これらに変わり、新興クラブが誕生している。また、桜木町駅に至る東急東横線も開通している。一方、スタンダード油槽所が存在した横浜駅の西側は、ほとんどが未開発の状態で残っていた。

1979年
（昭和54年）

提供：朝日新聞社

再開発が進められていた当時の横浜駅東口（手前）の空撮写真である。手前に横浜中央郵便局が見えるこの東口側では、翌年（1980年）の駅ビル「横浜ルミネ」の開業に向けて、建設工事が進められていた。横浜新都市ビルが竣工し、横浜そごうが開店するのは1985年である。一方、反対側の西口にはこの前年（1978年）、高島屋ビル、新相鉄ビルからなる「相鉄ジョイナス」の全館が完成していた。

1962年
（昭和37年）

提供：朝日新聞社

1962年に撮影された横浜駅付近の空撮写真である。この年、手前の西口側には横浜ステーションビルが誕生している。横浜駅は橋上駅舎になっておらず、ホームを結ぶ跨線橋が見える。東口側はまだ再開発される前であり、新興クラブなどが残されていた。首都高速道路が神奈川県で開通する前の姿であり、市内の一般道路、川の様子がよくわかるものである。

千代田区

港区

品川区

大田区

川崎市

横浜市

鎌倉市

『横浜市史』に登場する東海道本線

日露戦争後の経済発展は、明治末期に不況面を経過するとはいえ、国内における旅客・貨物の著しい増加をもたらした。さらに東海道線を初めとする幹線鉄道の輸送力増強は緊急な課題でもあったから、初代鉄道院総裁後藤新平による広軌改築、電化など根本的な改良計画がたてられたのもそのためであった。複線化工事についてみると、東海道線の場合、明治29年以来営々として工事を進めてきたが、大正2年8月1日の天竜川橋梁複線工事完成を最後に全線が複線化したのである。さらに駅の機能分化や操車場の創設も着手されることとなる。

すでに、明治22年東京市区改正委員会によって決定されていた東京の市区改正計画は、鉄道に対して、流通機構の整備という観点から、新橋駅と上野駅を結ぶ高架鉄道を建設し、新橋・上野両駅の中間に、中央停車場を設置することとされていたのである。かくて、前述した日露戦争後の経済発展の中で、これまでの路面電車以上の大量かつ高速性をもった運輸機関の出現が待望されるにいたった。さらに、鉄道国有化によって、東京市街地はふたたび検討されることともなった。この計画の中心には「都市高速鉄道網」計画も包含されていて、高架線による電気鉄道がもっとも有力だと考えられていた。その結果、あたらしく建設される市街線は四線で、二線が市内近郊循環線、二線が遠距離旅客列車線であって、従来いずれも蒸汽列車の運転計画であったのを前者を電気に改めようとしたのである。かくて、明治41年4月から電車線の敷設に着手、翌年末から山手線（まだ完全な環状循環線ではなかった）の電車運転が開始された。これを契機に、東京と横浜を結ぶ東海道本線新橋・程ヶ谷（現在の保土ヶ谷）間に、複線の電車専用線を敷設して輸送能力の強化をはかり、それとともに横浜駅新設工事のため、明治43年5月から改良工事に着手した。

また、中央停車場は、日露戦争後一等国となった日本のシンボルとすべく、東京帝国大学工科大学教授辰野金吾、工学士葛西万司が設置したもので、オランダのアムステルダム中央駅に範をとったといわれ、総建坪3,183坪、ルネッサンス式レンガ三階建で、その規模や荘厳さはアムステルダム駅を凌ぐものがあったといわれている。明治41年3月工事に着手し、6年半の歳月と280万円の工費を費して、大正3年12月18日に落成、東京駅を命名された。これと並行して進められていた列車線の軌道敷設も終了したので、12月20日から東海道本線の起点を新橋駅から東京駅に移し、これまでの新橋駅を汐留駅と改称して貨物専用駅とし、東京駅は旅客のみを取扱うこととした。また、烏森駅を新しく、新橋駅と改称し、仮停車場であった呉服橋駅は廃止された。同時に、新橋・程ヶ谷間の改良工事も完成し、東京・高島町（現在の横浜駅）間の電車運転が開始されることとなった。

このように電車専用線がつくられたのは、首都と貿易港を結ぶ重要な路線として東海道線の運転回数を増加させた結果、全体の輸送力低減を惹起するおそれが出てきたからである。それはまた一面で明治末期からの京浜電鉄の開業に対する国有鉄道のまき返しを意図したものであり、他面で、本格的な都市間高速電気鉄道の創造を意図して、さまざまな新機軸をその設計におりこんだものでもあった。しかし、その12月18日の開通期日が、設計工事の進行状況によって決められたものではなかった。時あたかも第一大戦の勃発にあたり、ドイツのアジアでの根拠地たる膠州湾（青島）攻略の任務をはたした軍司令官神尾光臣中将を凱戦将軍として迎えるべく、同じ18日の祝賀会にあわせるための政治的な決定だったといわれている。当日は、品川で神尾中将を迎えて、東京の祝賀会場に送り、ついで下り電車で、貴・衆両院議員一同と記者団を会場から横浜まで試乗させる予定だった。しかし、カテナリー式架線やパンタグラフなど、日本最初の諸設備を突貫工事で完成させようとしたため無理がたたり、故障がその開通式当日に集中して、電車は立往生、高島町駅に容易に到着しなかった。鉄道院は総裁名で謝罪文を翌日の新聞紙上に掲載、ともかく12月20日から、東京・高島町間の電車運転を始めた。だが結果は、いぜん故障続出で、同26日、ひとまず品川・高島町間の電車運転を中止した。それから十分な整備をおえて、翌大正4年5月10日から本格的な運転を再開した。その年の8月15日、横浜駅新築工事も竣工したので、新横浜駅を電車運転の終点とし、高島町駅は廃止され、これまでの横浜駅は桜木町駅と改称された。さらに、同年暮の12月30日には東京・横浜間の電車運転は、桜木町駅まで延長された。東京・桜木町間の電車運転は三両編成の15分間隔（朝夕の混雑時は7分半ごと）で、両終着駅から発車するようにし、所要時間は約47分であった。

（中略）

関東大震災後の電車運転についても、それは、列車に比べて機能性・運転間隔の短縮という問題に容易にこたえうることができ、いわゆる「省線電車」の愛称が一般化してゆくにつれ、都心と郊外を結ぶ高速交通機関としての役割をになうようになった。

2章 根岸線

Chapter.2 ▶

横浜〜大船

四半世紀前の頃の桜木町駅光景。209系と並ぶ在りし日の東急東横線。奥には横浜線直通の205系の姿も見える。

1991年
（平成3年）

撮影·荒川好夫（RGG）

1987年
（昭和58年）

撮影：高木英三（RGG）

東海道電車線の終着駅であった頃の形態を残している桜木町駅の二代目駅舎。関東大震災後の1927年に誕生し、昭和時代を通じて使用されていた。この時代は既に根岸線の駅となっている。

2017年
（平成29年）

桜木町駅

さくらぎちょう →

開業年：1872（明治5）年5月7日　所在地：横浜市中区桜木町1−1
ホーム：2面3線　乗車人員：70,286人　キロ程：2.0km（横浜起点）大宮から61.1km

横浜開港の歴史を担った、初代横浜駅の伝統あり
1915年に駅名を改称、かつては東急の駅も

1872（明治5）年6月、日本最初の鉄道が品川〜横浜間で仮開業（10月に新橋〜品川間が本開業）したときに誕生した、初代横浜駅が現在の桜木町駅である。この当時の横浜駅は起終点駅であったため、運行上の問題はなかったものの、東海道線が西側に延伸して列車数が増加すると、この駅の立地に問題点が生じた。1915（大正4）年8月に二代目横浜駅が誕生し、このときに駅名は「桜木町」に変わった。

1923年に発生した関東大震災は、横浜の街に壊滅的な打撃を与え、この駅も開業時からあった駅舎が焼失している。その後、仮駅舎の時代を経て1927（昭和2）年、二代目の駅舎が完成した。

1964（昭和39）年5月、根岸線が磯子駅まで延伸し、こ

の駅も根岸線の所属となった。同年6月には、東海道線貨物支線（高島線）が高島駅（後に廃止）まで開通している。

1989（平成元）年、横浜博覧会の開催に合わせて、現在地に移転して、新しい駅舎が誕生した。現在の駅の構造は島式ホーム2面3線を有する高架駅であり、1番線は根岸線、2番線は降車専用、3・4番線を京浜東北線・横浜線が使用している。

JRの桜木町駅とともに、以前は東急東横線の終点である桜木町駅が存在していた。1932年3月に開業し、横浜高速鉄道みなとみらい線の開業により、2004年1月に廃止となった。現在は横浜市営地下鉄に桜木町駅が存在する。

1964年5月19日、桜木町駅と磯子駅を結ぶ根岸線が開通し、桜木町駅のホーム上では、開通を祝う修祓（出発）式のテープカットが行われようとしていた。テープを切るのは、当時の国鉄総裁、石田礼介氏である。

1964年
（昭和39年）

提供：朝日新聞社

1947年
（昭和22年）

東海道電車線（現・根岸線）の高島架道橋を渡る国電の下には、横浜市による「祝貿易再開」の横断幕が見える。ガード下には、横浜市電神奈川線の電車とともに、当時は「大東急」だった東急電鉄のトラックも通っている。

提供：朝日新聞社

1964年
（昭和39年）

根岸線の開通を祝う、お祭り気分に包まれていた桜木町駅の駅前。野毛商店街が設置した緑門が華やかさを醸し出している。この駅前を戦前から走っていた横浜市電の旧型車も見える。

撮影：天野洋一

千代田区

港区

品川区

大田区

川崎市

横浜市

鎌倉市

高架線を建設中だった桜木町～関内間の根岸線。手前に大江橋が見え、その上を渡る形となっている。左手奥には横浜市役所、横浜スタジアムが見える。首都高速神奈川1号横羽線はまだ開通しておらず、大岡川が流れている。

鉄道発祥の地である桜木町駅は、1932年から東京横浜電鉄（現・東急電鉄）東横線の終着駅となっていた。横浜高速鉄道みなとみらい線の開業で、2004年にこの駅は廃止となった。

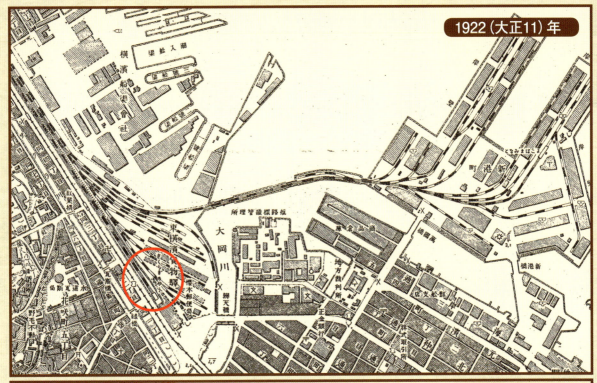

1922（大正11）年

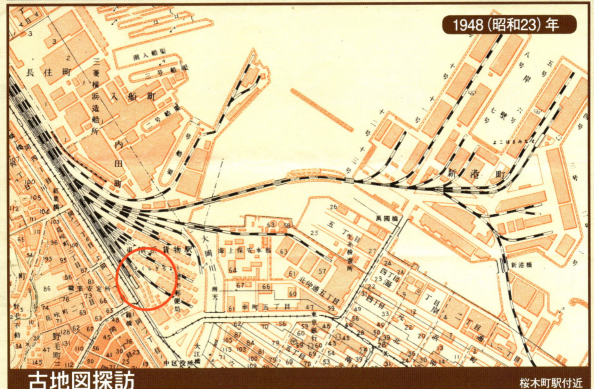

1948（昭和23）年

千代田区
港区
品川区
大田区
川崎市
横浜市
鎌倉市

古地図探訪

桜木町駅付近

初代横浜駅であった桜木町駅は、この時期、東海道電車線（京浜東北線）の終着駅となり、その東側には、鉄道発祥の地の名残である、東横浜貨物駅が広がっていた。構内にあった桜木郵便局は、1904年に開局した横浜桜木郵便局である。上の地図では、駅の西側には水道瓦斯局があり、弁天橋を渡った東側には地方裁判所、横浜正金銀行本店、株式取引所、日本郵船横浜支社などが存在している。

下の地図では、駅の両側で横浜市電が延びていることがわかる。地図の北東、萬国橋はその終点のひとつである。戦前に存在した横浜正金銀行は戦後、解散して東京銀行に変わっている。旧本店の建物は現在、神奈川県立歴史博物館となっている。南側の大江橋付近に中区役所が誕生している。中区役所は現在、横浜スタジアムの北側に移転している。

伊勢佐木町や中華街、横浜市役所といった「港ヨコハマ」を代表する名所、施設の玄関口である関内駅。開業以来、基本のスタイルは変わらないものの、駅舎の外観はかなり変化している。

関内駅

かんない →

開業年：1964（昭和39）年5月19日　　所在地：横浜市中区港町1−1
ホーム：2面2線　乗車人員：55,064人　キロ程：3.0km（横浜起点）大宮から62.1km

1964年に根岸線が延伸、桜木町駅の隣駅に
西に伊勢佐木町、東側に馬車道、日本大通りも

　東京オリンピックが開催された1964（昭和39）年5月に開業した関内駅。比較的新しい駅ではあるが、付近は横浜開港によって置かれた居留地（開港場）が存在した、歴史に包まれた場所である。吉田橋に置かれた関門（関所）の内にあたることから、「関内」という地名が生まれた。ここから居留地に向かう道路が、馬車道と呼ばれるようになった。

　横浜には1872（明治5）年に、港（海）に近い桜木町（初代・横浜）駅までの鉄道が開通したが、その先の関内方面には延伸しなかった。1964年、根岸線が桜木町〜磯子間で開通し、関内・石川町などの駅が置かれたのである。1976年9月には、横浜地下鉄の伊勢佐木長者町〜横浜間の開通が開通して連絡駅となった。現在の駅の構造は、相対式ホーム2面2線の高架駅である。

　この駅の南西側が、ヒット曲にもなった横浜を代表する繁華街の伊勢佐木町である。ここから長者町に続くイセザキモールには、横浜を代表する老舗が残っており、かつては劇場や映画館が並んで、東京・浅草、大阪・千日前と並ぶ、横浜一の興行街でもあった。一方、北東には横浜市役所、横浜公園、横浜スタジアムが存在する。横浜スタジアム（ハマスタ）は、プロ野球・横浜DeNAベイスターズの本拠として、試合開催日には、お隣の石川町駅とともに関内駅も多くの乗降客を迎えることとなる。この先には、横浜随一の観光名所となった中華街も存在する。

磯子駅までの開通が実現し、根岸線は初日から多くの乗客が利用して、朝の通勤ラッシュの風景が見られた。関内駅の1番線ホームで、磯子行きの列車から降りてきた、スーツ姿のサラリーマンの行列ができている。

1964年
（昭和39年）

石川町・根岸
磯子 方面
FOR ISHIKAWACHŌ,
NEGISHI & ISOGO

子
ISOGO

提供：朝日新聞社

1962年7月、当時の横浜公園・平和球場では、高校野球神奈川大会の開会式が行われていた。現在の横浜スタジアムの前身であるこの球場は、戦前からあったもので、戦後の連合軍占領下では「ルー・ゲーリック・メモリアル・スタジアム」となり、返還後に「横浜公園平和（野）球場」と命名された。

1962年
（昭和37年）

提供：朝日新聞社

千代田区

港区

品川区

大田区

川崎市

横浜市

鎌倉市

現在は関内駅の北側を通っている国道16号が、（派）大岡川の上の羽衣橋を渡っている。川に沿って、根岸線の高架線が建設されようとしていた。根岸線の開業とともに、首都高速神奈川1号横羽線の開通で、川は姿を消し、この付近の風景は大きく変わった。

1962年
（昭和37年）

大岡川に沿うような形で、ゆるやかにカーブした屋根が見える関内駅。奥に見えるのは横浜市役所である。この川のある風景も、周囲の開発と首都高速神奈川1号横羽線の開通で、今は大きく変わってしまった。

1964年
（昭和39年）

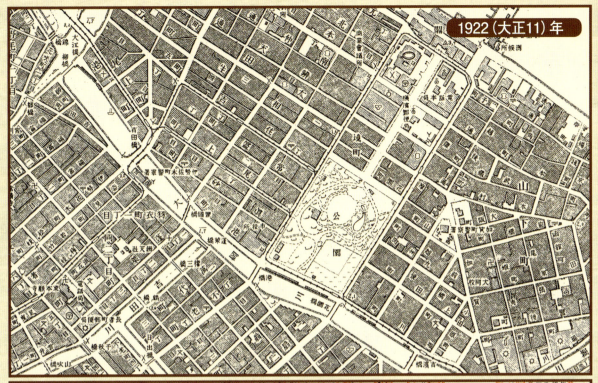

1922（大正11）年

1948（昭和23）年

古地図探訪

関内駅付近

　２枚の地図は根岸線、首都高速神奈川１号横羽線が通っていなかった時代のものである。地図の中央には、横浜公園が広がっており、その北側に横浜郵便局、神奈川県庁、電話本局（中央電話局・中央電信局）が存在していた。下の地図では、横浜市電の路線が張りめぐらされており、市民の足となっていた。地図を斜めに横切って流れる大岡川には、吉田橋、羽衣橋、港橋、花園橋など、横浜を代表する多くの橋が架かっていた。1973年まで存在した吉田川は、その後、埋め立てられて大通り公園が誕生している。横浜公園に隣接して建っていた横浜市役所は、関東大震災で焼失し、一時は桜木町１丁目の中央職業紹介所が、臨時市庁舎として使用されていた。下の地図では、横浜公園に野球場（横浜スタジアム）が誕生している。

千代田区
港区
品川区
大田区
川崎市
横浜市
鎌倉市

1983年（昭和58年）

中村川の北側、中華街、横浜スタジアム方面に向かって開かれている石川町駅の北口。横浜市内中心部の駅だが、駅舎とともに駅前の風景も、どこか庶民的な雰囲気を漂わせている。

2017年（平成29年）

石川町駅

いしかわちょう

開業年：1964（昭和39）年5月19日　所在地：横浜市中区石川町2−72
ホーム：2面2線　乗車人員：32,572人　キロ程：3.8km（横浜起点）大宮から62.9km

地元民の運動で現駅名に、フェリスなど女子校も 北東に、みなとみらい線の元町・中華街駅が存在

この石川町駅は、隣の関内駅とは0.8キロしか離れておらず、横浜を代表する観光スポットである、中華街や山下公園、元町への玄関口となっている。根岸線の桜木町〜磯子間の開通時の1964（昭和39）年5月に開業し、地元住民の運動で「石川町」という駅名が誕生した。駅の構造は、相対式ホーム2面2線の高架駅で、中村川を跨ぐ形で建設されている。また、駅舎の上をさらに跨ぐ形で首都高速神奈川3号狩場線が通っており、東側には横浜公園出口、石川町入口が設けられている。

川を挟んだ北口は「中華街口」と呼ばれ、中華街の南西側の玄関口である。現在は、東側に横浜高速鉄道みなとみらい線の元町・中華街駅があり、こちらの駅を利用する人も多い。一方、南口は「元町口」と呼ばれ、横浜を代表する商店街である「元町商店街」へ向けて開かれている。ここは「ハマトラ（横浜トラディショナル）」の聖地としても有名で、バッグの「キタムラ」など名店が並んでいる。

この駅の南側には、フェリス女学院大学のほか、フェリス女学院中学校・高等学校、横浜雙葉学園（小・中・高校）、横浜女学院中学校・高等学校、横浜共立学園中学校・高等学校などの学校が集っている。女子学生・生徒が通う駅であることから、石川町駅は「乙女駅」とも呼ばれてきた。また、北口側には横浜市立港商業高校があったが、2001（平成13）年に、横浜市初の総合学科高校の「みなと総合高校」に変わっている。

戦前（1932年）の横浜中華街、山下町の大通りである。「名物焼豚」や「聘珍楼」「平安楼」などの看板が目立つ中、訪れる観光客の姿はまだ少なかった。

1932年
（昭和7年）

提供：朝日新聞社

1964年
（昭和39年）

撮影：荻原二郎

「祝石川町駅開業」の看板が付けられていた、開業間もない頃の石川町駅南口。手前の中村川を航行する船との、珍しいツーショット写真である。

磯子方面に向かう横浜線からの205系。濃淡の緑帯を巻くこの車両は2014年8月に営業運転を終了し、現在はE233系で統一されている。

1991年
（平成3年）

撮影：安田就視

千代田区　港区　品川区　大田区　川崎市　横浜市　鎌倉市

『横浜市史』に登場する根岸線

鉄道延伸構想

現在の根岸線にあたる桜木町以遠延長問題が正式に鉄道会議の議題となったのは、1936年12月19日の第18回鉄道会議であった。計画は37年度着手、42年度完成の予定で、路線延長は18.8キロメートル、全線電化、桜木町・根岸間は複線、それ以降は単線とし、建設費総額は716万円であった。しかし、日中戦争の勃発により、軍事との関連性の薄い鉄道建設が中止されるなかで、根岸線も建設が凍結された。

戦後、根岸線延長工事が再び日程にのぼってきたのは、1952年のことである。

市・県の構想

しかし、横浜市側は、港湾建設計画との関係から臨港線の拡充を検討しており、むしろ貨物線の建設を求めていたのである。国鉄との話し合いのなかで、桜木町から大船に行くルートでは臨港線のほうに行っていないため、桜大線に桟橋を通って本牧を「ぐるっと」回る貨物線を建設することが合意され、「一遍に２つ出すとあまり金がかかるので、作戦としてはまず桜大線を敷いてあとからこれも必要であるからという２段階でやろうという作戦」が立てられた。

これを受けて、54年からは貨物線の建設調査も開始された。ルートとしては、新港埠頭の臨港線を延長して山下公園貯木場、本牧岬を通過して根岸に至り、予定線と合流すること、および新山下埠頭完成にともなう臨港線の延伸とが想定されていた。

貨物線建設に対する期待は、臨海工業地帯造成計画が具体化するにつれて大きくなっていった。市は、1950年に立法化された横浜国際港都建設法に基づいて具体的な都市計画案を策定していったが、そのなかで、臨海工業地帯として、既存の工業地帯に連続する埋立地として大黒町、鶴見川左岸とともに、本牧町地先36万３千坪と、第２工業港湾地区として根岸湾（間門町・磯子区根岸町地先52万６千坪、磯子町杉田町地先99万坪）の埋立を計画し、同時に臨海貨物線の延長を計画した。貨物線については、「大桟橋以南の地域には現在臨港鉄道がないが、新山下海岸には倉庫地帯があり、又新たに新山下町埠頭の建設、本牧町地先埋立地（363,000坪）、根岸湾埋立地による工場地帯（1,519,890坪）完成に伴い、臨港鉄道の必要性はますます増大不可欠となるので、東横浜駅より新港埠頭経由中区海岸通１丁目大桟橋入口附近に終っている現臨港鉄道引込線を延長し、上記地域を経て磯子区中根岸町地先の埋立地内において、別途交通網整備拡充

計画の国鉄根岸線（桜木町―大船）に合流せしめ、……」との構想を打ち出している。

神奈川県においても、同様の計画が立案されていた。当時、横浜港関係の貨物線としては、新鶴見操車場から延伸する高島線（貨物専用線、複線）があったが、市南部への連絡が欠如していたため、建設中の新山下埠頭や本牧・磯子の埋立地への鉄道輸送の便が必要とされていた。東京都・神奈川県・千葉県が実施した東京湾沿岸鉄道線路選定調査において、こうした貨物輸送の隘路を打破するために、高島線を海岸沿いに延長して（桜木町・山下公園間は高架線）本牧岬をめぐり磯子海岸に達し、さらに埋立工事の進展とともに金沢から逗子まで延長して横須賀線に接続する貨物線（浜根岸線）の新設が構想されていた。ただ、根岸線建設との関係から磯子・大船間は根岸線との共用が現実視されている。自治体側では、臨海工業地帯開発との関係から、市南部地域における鉄道建設は「１本で済ませるならば、浜根岸線、然らずんば、根岸線と本牧貨物線とが必要となる」とし、根岸線全通後は、本牧１周貨物線の建設とともに桜木町・磯子間は根岸線を旅客専用線として、貨客分離輸送を実現しようとする構想を有していたのである。

こうした経緯を経て、56年２月24日に首相官邸で開催された鉄道建設審議会は、予定線150本あまりのうちから1956年度における新線建設調査線11線を決定し、そのうちの１線として桜大線も採択されたのである。これらの線は、約１年間の調査後に建設順位が決定される予定であったが、11線のうち都市部の計画路線は桜大線と東京周辺の衛星都市を結ぶ循環線である武蔵線（我孫子・大宮・与野・立川間）のみであり、根岸線は他線より優位にあると考えられた。

この決定を受けて２月28日の市会において、「国鉄桜木町駅大船駅間の新線建設及び横浜戦の複線化に関する意見書」が決定された。

国鉄東京工事局が作成した「東京付近改良計画」によれば、根岸線の運転系統について３系統が考えられていた。

第１は、東海道線輸送の一部を担当する場合であり、横須賀線を根岸線経由で運転し、京浜東北線は横浜で打ち切り、湘南電車を戸塚、保土ケ谷に停車させる。第２は、横浜線沿線との旅客交通を主とする場合であり、横浜線電車を根岸線経由で大船まで延長運転し、京浜東北線は東神奈川で打ち切る。第３は、京浜間の旅客交通を主とする場合であり、京浜東北線を大船まで延長運転する。

第１案は、東海道線と横須賀線の分離運転を図るものであり、大船横浜間における線路増設工事を延期することが可能となる。しかし、技術的には横須賀線が６分程

度の所要時間増加になり、横浜駅ではプラットフォームの１本増設が必要になるなど、横浜駅での接続が困難になることが指摘されていた。また、運転上も、大船以遠と横浜以遠の旅客にとって両線の所要時間差により、かえって横浜駅での横須賀線から東海道線への転嫁が生じ、横浜・東京間における乗車効率の不均衡が甚だしくなるという欠点があった。このため、1960年度以降の輸送需要に対応する東海道線の輸送力増強は、品川・大船間の線路増設によって対処することとされた。具体的には品鶴貨物線に併設線を増加する案が適当とされた。これは品川・鶴見間は貨物線に並列で２線増設、鶴見・戸塚間は別線増設、戸塚・大船間は現在線に並列で２線を増設するというものである。また第２案は、桜木町の利用人員をみると、新子安以遠の利用が大口以遠の利用の10倍に上っている状況からみてあまり意味がなく、利用人員から明らかに京浜東北線の延長運転が優れているとして、第３案がもっとも現実的であると考えられた。

こうした検討の結果、根岸線は、東海道線のバイパスルートとして東海道線の輸送力緩和に寄与させるという位置づけが後退し、根岸線建設の目的として、首都圏の鉄道網の拡充から地域開発へとその重点を移行させることとなったのである。

建設の進展
（桜木町・磯子間）

用地買収の対象は、桜木町・磯子間7.7キロの５割程度、約100世帯であり、路線選定の終わった58年８月から開始され、工事は59年４月に着工された。しかし、この区間は、市街地の人口稠密地帯を通過する高架工事であったこと、山手住宅地区におけるトンネル工事が土被りのきわめて少ないアーストンネルとなり、地表面の沈下や陥没事故が発生したこと、桜木町・石川町間の路線用地として市から提供された大岡川の市街地幹線運河が軟弱地帯であり特殊な工法を必要としたこと、さらに東海道新幹線工事と並行して実施されたため必要人員の確保が円滑に進まなかったことなど、用地買収および工事施工上で困難が発生し、工事の遅延が問題となってきた。とくに運河地区における特殊工法の採用により、根岸線の建設費はキロ当たり７億５千万円と東海道新幹線に劣らない巨額なものとなった。

結局中区山手先における用地買収の難航などのため、竣工は予定より１年余り遅延したが、64年５月19日に桜木町・磯子間が開業した。開通と同時に横浜・桜木町間は根岸線に編入された。

（磯子・大船間）

磯子開通式に出席した鉄道建設公団の太田総裁は、第２期工事についてつぎのように語っている。

日本鉄道建設公団では現在全国に50近くの「着工線」をかかえているが、根岸線第２期工事（磯子・大船間11.2キロ）は必要度からいっても、また採算面から見ても「着工線」の中では最右翼に属する。地元の要望を待つまでもなく予算措置さえ許せばできるだけ早く着工したい。

この区間における問題は、路線の選定にあった。

磯子・大船間の路線選定は、1958年７月新橋工事局において、比較線として北（日野回り）、中（田中回り）、南（杉田回り）の３ルートが検討された。

横浜市は根岸湾埋立地の北側を通過させること、将来の海面埋立が杉田町地先から金沢地区へと伸びることを想定して、埋立地の西端に新杉田駅を設置することとし、64年度に決定された。また新杉田以西では、磯子区、南区において500万平方メートルの住宅団地造成計画を樹てていた日本住宅公団が、63年12月に団地内通過の要望を提出した。公団は、これらの要望を容れて磯子・矢部野（仮称）間のルートを決定した。矢部野はのちに洋光台と命名される。

日本住宅公団は64年度より洋光台地区の開発に着手していたが、完成年度を69年度と定めて、この時点までに磯子・洋光台間の開業を公団に要請した。用地買収では桜木町・磯子間と同様、土地収容法の適用を受ける事態も発生し、工事では道路・鉄道との立体交差、アーストンネル掘削などの難工事もあったが、予定の69年10月より半年遅れた70年３月17日に開業にいたった。

つづいて洋光台・大船間の工事が着工された。路線測量は、1966年に決定された工事実施計画に基づいて進められたが、予定地における宅地造成計画と抵触して莫大な補償費と工事遅延が発生することが想定されたため、住宅公団が着手していた港南台地区の通過を要請した。公団側は港南台駅の新設を条件に受諾し、69年６月に路線がほぼ決定した。

港南台・大船間は、アメリカ軍のＰＸとして接収されていた海軍燃料厰跡地の利用するルートのみで比較線は想定されなかった。問題は、大船駅への路線の乗り入れ方式であったが、旅客線は大船駅海側に、貨物線は山側に乗り入れて東海道線の複々線化によって増設される貨物線と接続することとなった。

国鉄は根岸線の大船乗り入れを69年10月までに完成したいとしたが、本郷台駅造成上の困難や東海道線の線増工事の遅延などから工事は遅れ、建設計画より７年遅れた73年４月９日、洋光台・大船間が開業したのである。

千代田区

港区

品川区

大田区

川崎市

横浜市

鎌倉市

撮影：高木英二（RGG）

1983年
（昭和58年）

1964年
（昭和39年）

撮影：荻原三郎

横浜の閑静な住宅地の中に置かれている高架駅の山手駅。周囲には大きな建物はなく、長閑な雰囲気に包まれている。駅前にはバス停があるものの、路線や本数は他の駅と比べるとかなり少ない。

2017年
（平成29年）

山手駅

やまて →

開業年：1964（昭和39）年5月19日　　所在地：横浜市中区大和町2－52
ホーム：2面2線　　乗車人員：17,341人　　キロ程：5.0km（横浜起点）大宮から64.1km

1964年、トンネルに挟まれた場所に駅誕生
山手公園はテニス発祥の地、かつては市電が通う

　山手駅の開業は1964（昭和39）年5月である。開業から半世紀が過ぎた2013（平成25）年3月、約50メートル南の根岸側に移転し、現在の駅舎となった。北の石川町側には山手トンネル・第2竹之丸トンネル、南の根岸側には矢口台トンネルが存在し、両者に挟まれた狭い地上部分に駅が存在している。駅の構造は相対式ホーム2面2線を有する高架駅である

　駅の北東に1870（明治3）年に開園した山手公園が存在するように、本来の山手地区はお隣の石川町駅に近い場所であった。山手公園は日本で初めてテニスのプレーが行われた場所としても有名である。1998（平成10）年

には、「テニス発祥記念館」が誕生している。根岸線が開業する前には、「山手町駅」の名称を予定していたが、隣の駅が結果的に石川町駅となったために、南側に「山手駅」が誕生したいきさつがある。

　この根岸線の開通、山手駅の開業前には、この地区の交通は横浜市電に頼っていた。東側を通る横浜市電の本牧線は、元町から麦田町を経由して、本牧三渓園前に至り、根岸線に続いていた。また、西側には吉野町三丁目から滝頭をへて葦名橋に至る磯子線が走り、そこから先は杉田線が杉田まで通っていた。横浜市電は1960年代後半から廃止が始まり、1972年に全廃となった。

1929（昭和4）年

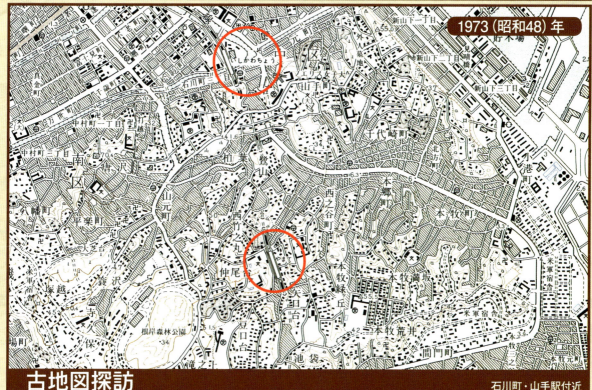

1973（昭和48）年

千代田区

港区

品川区

大田区

川崎市

横浜市

鎌倉市

古地図探訪

石川町・山手駅付近

　上の地図は根岸線が開通する前、下の地図は開通後のものである。ともに、首都高速神奈川１号横羽線、３号狩場線はまだ開通していない。上の地図では、横浜市電が南東に大きくカーブして根岸方面に進んでいた。
　下の地図では、大岡川沿いを走ってきた根岸線は、中村川が流れる付近に石川町駅が置かれており、その南側からは山手トンネルに入り、次の山手駅付近で地上に出ることになる。石川町駅の東南は「山手町」であり、下の地図ではフェリス女子大学、外人墓地が記載されている。「麦田町」「北方町」など上の地図にあった戦前からの地名は、下の地図では山手駅付近に「仲尾台」「矢口台」といった新しい地名に変わっている。駅西側には、根岸競馬場の跡地に、根岸森林公園が誕生している。

撮影：高木英三（RGG）

色とりどりのタクシーが並んでいる根岸駅の駅前風景である。この駅舎は、根岸線の線路の北側、国道16号方面に向けて開けている。現在の駅舎に比べて、屋根の形がシンプルな直線だったことがわかる。

根岸駅

ねぎし →

開業年：1964（昭和39）年5月19日　所在地：横浜市磯子区東町16－1
ホーム：1面2線　乗車人員：21,811人　キロ程：7.1km（横浜起点）大宮から66.2km

線名と同じ駅の名、神奈川臨海鉄道本牧線と接続
根岸は外国人にも人気の地、洋式競馬が発祥した

　1964（昭和39）年に桜木町〜磯子間が開業した際、線名として選ばれたのが、この根岸駅の駅名と同じ「根岸」である。根岸は外国人に人気の横浜の景勝地として有名であったが、関東大震災で影響を受け、埋め立てが行われて、地形が大きく変化した場所でもある。

　この根岸駅は横浜市中区と磯子区の境界付近に置かれている。駅が存在するのは、磯子区東町であるが、かつては中根岸町であった。西側には掘割川が流れている。駅の開業は1964（昭和39）年5月で、駅の構造は島式ホーム1面2線を有する地上駅である。

　1969年10月、主にコンテナ輸送を行う神奈川臨海鉄道の本牧線がこの駅から本牧埠頭駅まで開通した。この本牧線は首都高速湾岸線・国道357号線に沿う形で東に向かい、本牧埠頭方面に進んでゆく。

　根岸といえば、現在も根岸森林博物館・馬の博物館が置かれているように、日本最初の洋式競馬が行われた、横浜競馬場（根岸競馬場）が有名であった。1866（慶応2）年に開設され、第二次世界大戦中の1942（昭和17）年まで競馬が開催されていた。その後、海軍に接収され、戦後はアメリカ軍がゴルフ場などとして使用していた。また、中区側の本牧三之谷には、横浜の貿易商で茶人、芸術家のパトロンとして知られた原三渓が開いた庭園「三渓園」があり、現在は三渓園保勝会が運営し、一般に公開されている。

根岸線内を走る103系は1997年までに209系に置き換えられた。捻出された103系は武蔵野線などの、他線区増強用を目的に転用された。

1991年
（平成3年）

撮影：安田就視

1964年に誕生した根岸線の駅は、どれもシンプルな外観だった。この根岸駅はホーム西側に位置し、横に長い駅舎となっていた。

1964年
（昭和39年）

撮影：荻原二郎

根岸駅の南東、横浜港（東京湾）に面した場所に1961年に誕生した、日本石油精製（現・JXTG）根岸製油所。日本最大の製油所であり、同社の関東地方の拠点であった。

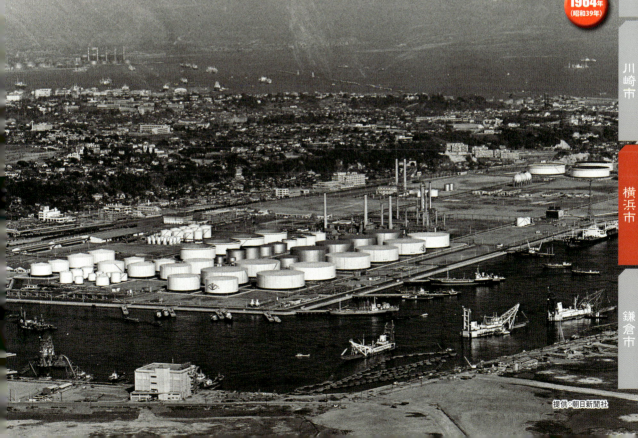

1964年
（昭和39年）

提供：朝日新聞社

千代田区

港区

品川区

大田区

川崎市

横浜市

鎌倉市

1983年
（昭和58年）

1964年に開業した磯子駅の橋上駅舎は、間を置かず改装されて、外観を大きく変えることとなる。駅前広場のバス乗り場と結ばれる歩道橋が設置されて、駅機能が強化された。

2017年
（平成29年）

磯子駅

いそご

開業年：1964（昭和39）年5月19日　所在地：横浜市磯子区森1－1－1
ホーム：1面2線　乗車人員：20,160人　キロ程：9.5km（横浜起点）大宮から68.6km

1964年に終着駅、70年に洋光台駅まで延伸
市電の歴史残す、横浜市電保存館が滝頭に存在

　磯子駅は1964（昭和39）年5月、根岸線の桜木町〜磯子間が開通した際に、終着駅として開業している。その6年後の1970年3月、洋光台駅まで延伸して、途中駅となった。駅の構造は島式ホーム1面2線の地上駅で、橋上駅舎を有している。かつては東（海）側に1面1線の貨物ホームが存在していた。京浜東北・根岸線は、多くの列車が現在でも、この磯子駅を発着駅としている。駅の北東、根岸線寄りには、根岸線の車両が使用している、鎌倉車両センター磯子派出所がある。

　横浜市には1927（昭和2）年に磯子区が誕生し、この磯子駅は開業以来、その玄関口の役割を果たしている。開業3年後の1967年には、磯子区役所（磯子区総合庁舎）

が駅前に移転してきた。古くは、このあたりは武蔵国久良岐郡磯子村で、一時、屏風浦村となったが、1911（明治44）年に横浜市に編入された。この「屏風浦」の地名は、南西にあって、乗り換えが可能な京急本線の屏風浦駅として残っている。

　この地域も根岸線の開通前までは、横浜市電が地元の人々の足となってきた。磯子区内滝頭3丁目には、横浜市電保存館が存在する。1973年に滝頭車両工場跡に開館し、1983年にリニューアルオープンした。500・1000・1500型など7両の車両のほか、横浜駅東口に備え付けられていた大時計などを展示している。

ホームにぶどう色の旧型国電が停車している、開業当時の磯子駅。駅前には（横浜）京急バス、タクシーが停車している。開業当時は、こんなシンプルな橋上駅舎が使用されていた。

撮影：荻原二郎

1970年に根岸線の磯子〜洋光台間が延伸開業し、磯子駅のホーム上で祝賀列車の出発式、テープカットが行われた。右手奥には、留置線に停まっている貨物列車がのぞく。

提供：朝日新聞社

駅前に広いバス乗り場を持っている磯子駅の西口。1台のバスが駅を出ようとしている。歩道橋の上には、バス停を目指して歩く人の姿もある。

撮影：高木英二（RGG）

千代田区

港区

品川区

大田区

川崎市

横浜市

鎌倉市

1982年
(昭和57年)

提供：朝日新聞社

バス乗り場を横断する歩道橋が整備された、磯子駅の西口駅前広場。歩道橋は駿河（スルガ）銀行磯子支店前まで延びているが、現在、この場所にはスズキヤ磯子店が存在する（銀行は北側に移転）。奥に見える磯子駅前ビルには、松坂屋ストアが入店していた。

根岸線の延伸を祝うアドバルーンが空に浮かんでいる磯子駅の駅前風景。広い駅前広場には、イベント（祝典）用のテントが並んでいる。

1970年
(昭和45年)

撮影：山田虎雄

1929（昭和4）年

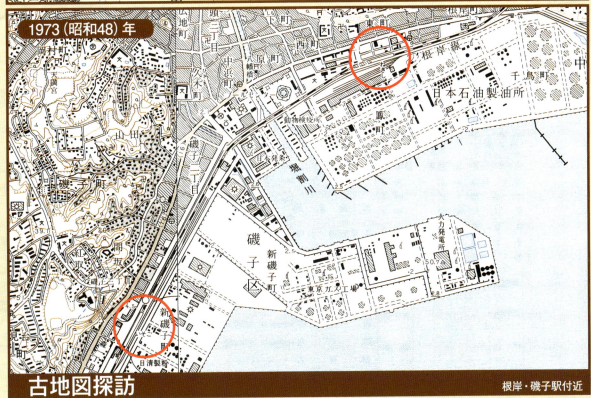

1973（昭和48）年

古地図探訪

　地図の右下を占めていた東京湾には、上の地図においても、掘割川の河口付近に突き出すように、小さな埋立（干拓）地が存在している。八幡橋が架かる付近には、獣類検査所が置かれていた。下の地図では動物検疫所と変わっており、根岸駅と磯子駅付近において、埋立地が拡大している様子がわかる。こうした埋立地には、日本石油製油所、東京ガス工場、火力発電所のほか、日本発条、日清製粉などの工場が誕生している。根岸線は1964年に磯子駅まで開通し、1970年に洋光台駅まで延伸するが、この古い海岸線を走っていた。上の地図で「滝頭」の地名が見える付近は、下の地図では「中浜町」「久木町」などとなっており、北側に「滝頭三丁目」がある。この「滝頭三丁目」には現在、横浜市電保存館が開館している。

千代田区

港区

品川区

大田区

川崎市

横浜市

鎌倉市

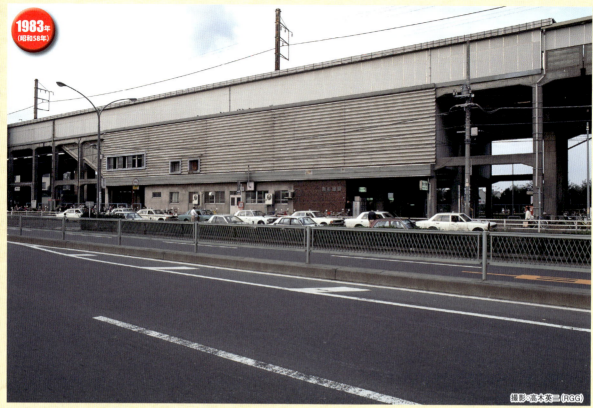

横須賀街道（国道16号）を挟んで、先輩駅である京浜急行の杉田駅と連絡している国鉄の新杉田駅。この頃は高架橋（柱）がそのまま見える外観だった。現在は南側に金沢シーサイドラインの新杉田駅がある。

新杉田駅

しんすぎた →

開業年：1970（昭和45）年3月17日　**所在地**：横浜市磯子区新杉田6
ホーム：2面2線　**乗車人員**：38,474人　**キロ程**：11.1km（横浜起点）大宮から70.2km

1970年に開業、「杉田」はかつての梅の名所
シーサイドラインと連絡し、金沢八景駅へ

横浜駅から東側の山手・根岸駅などを経由して南下してきた根岸線は、この新杉田駅付近で、西側の大岡山駅などを経由してきた京急本線と接近することとなる。戦後の1970（昭和45）年に延伸開業した根岸線に対し、京急本線は湘南電気鉄道時代の1930（昭和5）年に開通し、既に杉田駅が開業していた。国鉄の駅は後発であるため、「新杉田」を名乗ることになった（また、福島県の東北本線にも杉田駅が存在）。

新杉田駅は1970年3月の開業である。1989（平成元）年7月には、金沢八景駅に至る金沢シーサイドラインの新杉田駅が誕生して連絡駅となった。JR駅の構造は相対式ホーム2面2線の高架駅で、高架下には駅舎、駅ビル「アルカード新杉田」が存在する。シーサイドライン

の駅は、南東側に置かれており、連絡通路で結ばれている。2004年、西口側に新杉田歩道橋で結ばれたマンション併設の大型商業施設「らびすた新杉田」が誕生している。

新杉田駅の南には杉田八幡宮、日蓮宗の寺院・妙法寺が残り、現在は杉田ふれあい梅林公園、横浜市立梅林小学校が生まれている。杉田地区はかつて、領主が収穫した梅干しを、住民の収入源とするために植えさせた梅林が広がり、「梅の里」として有名だった。江戸時代には「杉田梅林」として多くの見物客が訪れていたという。一時は3万6千本もあった梅林はほとんどが姿を消したが、梅は現在、磯子区の木に選ばれている。

1989年に開業した横浜新都市交通金沢シーサイドラインの新杉田駅。「金沢八景」として知られる景勝地の玄関口である、金沢八景駅まで10.6キロを、カラフルな車両が結んでいる。

1991年
（平成3年）

2017年
（平成29年）

高架駅である新杉田駅の大船側ではシーサイドラインの新杉田駅に連絡する改札口が設けられている。

海沿いのリゾート路線らしく、金沢シーサイドラインの車両は、明るいボディカラーとなっている。

1989年
（平成元年）

撮影：荻原二郎

1960年代の根岸（東京）湾では、大規模な埋立地が次々と誕生した。手前は新杉田駅が最寄り駅となる新杉田町、中央に延びるのは磯子駅が最寄り駅となる新磯子町である。奥は鳳町で、その北側に根岸駅が開かれることになる。

1963年
（昭和38年）

提供：朝日新聞社

千代田区

港区

品川区

大田区

川崎市

横浜市

鎌倉市

提供：横浜市

広々とした空間の中に建っていた洋光台駅の駅舎。この駅のホームは、切り通し部分に設置されており、橋上駅舎は周囲の地面と同じ高さにある。ニュータウンの玄関口であり、駅近辺にも洋光台中央団地などが建ち並んでいる。

洋光台駅

ようこうだい →

開業年：1970（昭和45）年3月17日　所在地：横浜市磯子区洋光台3−14−1
ホーム：1面2線　乗車人員：20,616人　キロ程：14.1km（横浜起点）大宮から73.2km

東京湾から上る朝日の美しさが駅名の由来に
1970年に終着駅、3年後に大船駅まで延伸

　洋光台駅から先、大船駅までの根岸線は、1973（昭和48）年4月に開通している。それ以前に終着駅となっていた洋光台駅は、3年前の1970年3月、磯子駅からの延伸時に開業している。駅の構造は、島式ホーム1面2線の地上駅で、橋上駅舎を有している。ホームは切り通し部分に設置されているため、駅舎は道路と同じ高さに位置している。

　駅の周辺は根岸線の開通、駅の設置に合わせるようにして開発が進んだ。「洋光台」という地名、駅名はその際、東側にあたる東京湾から登る朝日が美しいと、工事関係者の間で話題になったことで名づけられた。1970年6月、洋光台1〜6丁目の地名が誕生。その後、洋光台第一小

学校、洋光台第一中学校などが次々と開校している。それ以前、江戸時代からあった矢部野村は、1889（明治22）年に合併により日下村となった。1927（昭和2）年に横浜市に編入され、磯子区の一部となっている。

　この磯子駅の南東には、磯子カンツリークラブ、県立磯子高校などが存在する。磯子カンツリークラブは、駅誕生以前にオープンした関東の老舗ゴルフ場である。1959年に9ホールで仮オープンし、翌年に18ホールが完成して本オープンしている。磯子高校は1977年に開校した新しい県立高校である。当初は富岡高校のグランドに建つプレハブ校舎でスタートした。2020年には同じ県立の氷取沢高校と合併する予定である。

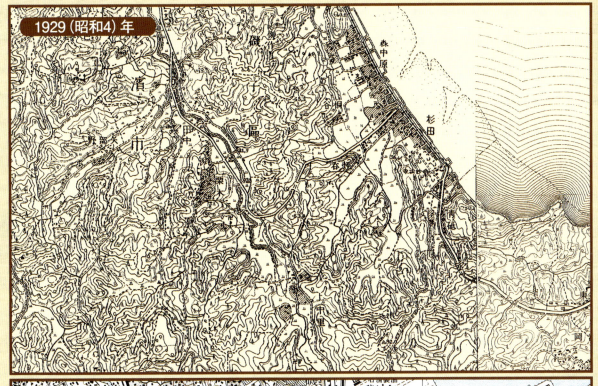

1929（昭和4）年

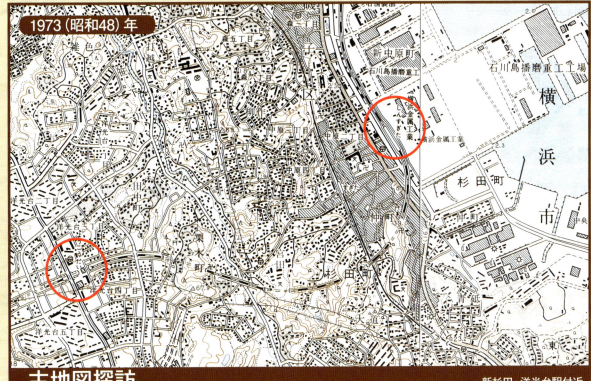

1973（昭和48）年

古地図探訪

新杉田・洋光台駅付近

　上の地図では、「森中原」「杉田」という地名が見え、ほぼ直線の海岸線と砂州が存在した。下の地図では、埋め立てが行われて「新中原町」が生まれ、石川島播磨重工、横浜金属工業などの工場が生まれている。海岸線付近には、家屋が続いているものの、その数はそれほど多くはなかった。この時代には、京浜急行線の前身である、湘南電気鉄道はまだ、開通していなかった。1930年に湘南電気鉄道、1970年に根岸線が開通した下の地図では、それぞれに杉田駅、新杉田駅が置かれている。

　一方、西に大きくカーブした根岸線には、洋光台駅が誕生している。上の地図では「矢部野」の地名しか見えなかったが、下の地図では「田中町」「栗木町」とともに「洋光台」の地名が生まれている。

千代田区

港区

品川区

大田区

川崎市

横浜市

鎌倉市

シンプルな外観のニュータウンの玄関口だった頃の港南台駅。現在は駅ビル「プチール港南台」が増築され、キュービックな建物に変わっている。駅前には、港南台バーズなどの商業施設が建つ。

港南台駅

こうなんだい →

開業年：1973（昭和48）年4月9日　所在地：横浜市港南区港南台3−1−1
ホーム：1面2線　乗車人員：32,279人　キロ程：16.0km（横浜起点）大宮から75.1km

1973年に大船駅へ延伸、「台」のつく駅が誕生
ホームは切通しに、一部はトンネル内に延びる

　東京近郊のJR・私鉄路線には「台」の名称をもつ駅が多数存在する。こうした駅は戦後に誕生したものがほとんどで、台地を切り開いて鉄道を通し、駅が開設されたことから名称が付けられた。この港南台駅はそのひとつで、根岸線には、お隣の洋光台、本郷台駅とともに「台」のつく駅が3駅存在する。

　港南台駅は1973（昭和48）年4月、根岸線の洋光台〜大船間の開業時に中間駅として誕生した。駅の構造は島式ホーム1面2線をもつ地上駅で、橋上駅舎を有している。この橋上駅舎は、2007（平成19）年にオープンした駅ビル「プチール港南台」と一体化されている。ホームは切通しの底に位置し、洋光台側の半分は港南台トンネルの内部にあるため、地下駅のような雰囲気である。

　「港南台」という駅名は、日本住宅公団（現・UR都市機構）が開発していた駅周辺の団地の名称である。現在、主に根岸線の線路の南側に港南台かもめ団地、港南台ひばり団地、港南台ちどり団地といった、鳥にちなんだ名称の団地が点在している。また、南側には横浜女子短期大学、横浜明朋高校、山手学院高校、横浜栄高校など学校が多数存在し、この駅を利用する学生、生徒も多い。駅の東側には、横浜横須賀道路が通っており、南東に港南台インターチェンジが置かれている。

　この駅の周辺の地名は現在、港南区の港南台であるが、それ以前は日野町で、建設時の駅の仮称名は「湘南日野駅」であった。

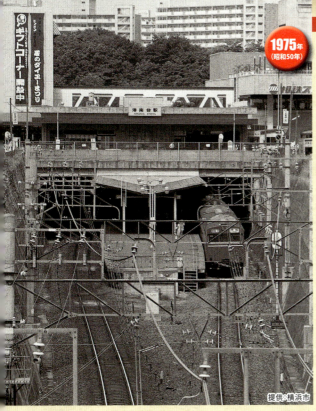

1975年（昭和50年）

1973年（昭和48年）

提供：横浜市

団地を背景にして港南台駅の駅舎正面が見える。その下には掘割の中の造られている島式ホームが見え、根岸線の列車が停車している。左側にはダイエー港南台店、右側には相鉄ストア（現・相鉄ローゼン）港南台店がある。

撮影：山田虎雄

ニュータウンの開発が進む風景の中を走る根岸線の大船行き電車。この駅から先の本郷台方面では、トンネルの中を走ることとなる。「港南」の名称は、既に1969年に南区から分区した区名に採用されていた。

昭和40年代後半から開発が始まった、ニュータウンの玄関口として開かれた港南台駅。台地を切り開いて造られた掘割の中にホームが設置されている。開業当時は駅周辺にもまだ未開発の丘陵地、山が残っていた。

1973年（昭和48年）

撮影：山田虎雄

千代田区

港区

品川区

大田区

川崎市

横浜市

鎌倉市

-撮影：高木英二（RGG）

本郷台駅は、北側の丘陵に接した盛り土の上に設置されている。そのため駅舎は地平上に置かれ、ホームは斜面上にあった。南側に開かれた駅前の空間は広く、明るい雰囲気となっている。

本郷台駅

ほんごうだい →

開業年：1973（昭和48）年4月9日　**所在地**：横浜市栄区小菅ヶ谷１−１−２
ホーム：１面２線　**乗車人員**：18,743人　**キロ程**：18.5km（横浜起点）大宮から77.6km

台地の上に存在した「本郷村」から駅名が誕生
海軍・アメリカ軍施設の歴史、大船駅へ専用線も

　本郷台駅は昭和48（1973）年４月、根岸線の洋光台〜大船間の開通時に誕生した。当初は、「新大船」が駅名の候補に上がっていたが、洋光台、港南台駅に続く台地にあることから、古くから存在した本郷村の名称を含んだ「本郷台」が選ばれている。駅の構造は、島式ホーム１面２線を有する地上駅である。

　戦前、この地は海軍の横須賀軍港に近く、横須賀線を利用できることから、1938（昭和13）年、海軍の燃料の製造・実験施設である「第一海軍燃料廠」が置かれた。大船駅から専用線が設けられ、病院などの関連施設も存在した。戦後はアメリカ軍の「大船ＰＸ」となり、物資を保管する倉庫として使用されていたが、1967年に返還された。駅周辺には、その遺構が一部残っている。

　この本郷台駅は、横浜市栄区で唯一のJR線の駅であり、駅の南側には栄区役所が置かれている。栄区は1986年に泉区とともに、戸塚区から分区する形で誕生した。駅の周辺には、「本郷」と「本郷台」を冠した諸施設が数多く存在する。北側には本郷台小学校、本郷台中央公園、南側には市営本郷台住宅、本郷中学校が置かれている。また、この南側には1967年に、当時の戸塚区初の県立高校として開校した、柏陽高校がある。

　また、駅の南東に1998（平成10）年にオープンした、県立地球市民かながわプラザ（あーすぷらざ）は、横浜市栄区民文化センター「リリス」を併設し、国際交流を進める施設となっている。

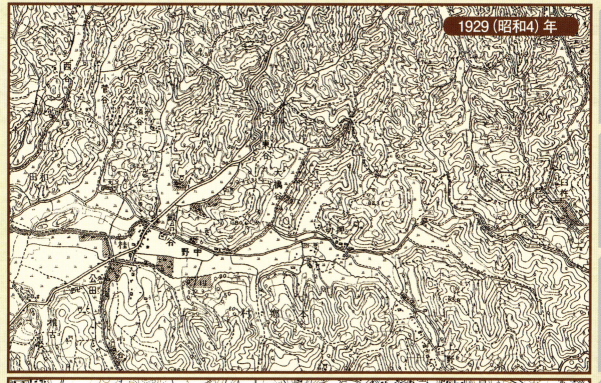

1929（昭和4）年

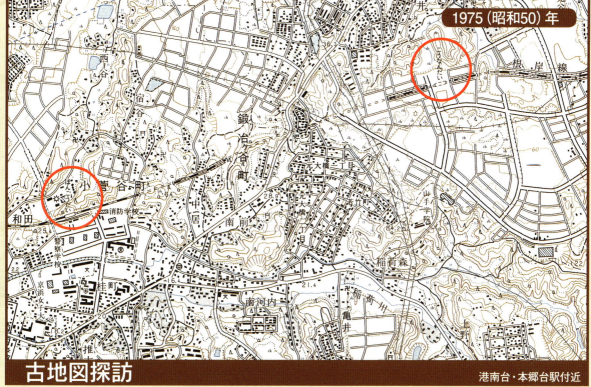

1975（昭和50）年

古地図探訪

港南台・本郷台駅付近

　上の地図では南側に本郷村が広がり、「大橋谷」「鍛冶ヶ谷」といった地名が見える。このうち、前者は「元大橋」となり、後者は「鍛冶ヶ谷」「鍛冶ヶ谷町」とし現在も残っている。1973年にトンネル区間の多い、根岸線が開通しており、下の地図では港南台駅、本郷台駅が開業している。その後、さらに東側に横浜横須賀道路（国道16号）が開通し、北に日野、南に港南台という2つのインターチェンジが設けられている

　上の地図で「桂」の地名があった場所には、下の地図では本郷台駅が誕生し、南側に消防学校、警察学校が誕生している。この南側に見える「文」の地図記号は、柏陽高校と本郷中学校である。現在、この東側には、栄区役所が置かれている。

千代田区

港区

品川区

大田区

川崎市

横浜市

鎌倉市

97

撮影：高木英三(RGG)

橋上駅舎と一体になった駅ビル「Dila大船」が誕生する前の大船駅東口。駅前の空間はさほど広くなく、すぐ東側には歴史ある商店街が続いている。大船駅にはこのほかに西口、笠間口が存在し、それぞれ違う駅の顔、表情を見せていた。

大船駅

おおふな

開業年：1888(明治21)年11月1日　**所在地**：鎌倉市大船１-１-１
ホーム：5面10線　**乗車人員**：99,139人　**キロ程**：22.1km（横浜起点）大宮から81.2km

東海道線、横須賀線と接続する根岸線の終点駅
駅を見下ろす大船観音あり、過去に松竹撮影所も

　大船駅は1888(明治21)年11月、官設鉄道(現・東海道本線)の駅として開業した。その前年にあたる1887年には東海道線が国府津駅まで開通しており、隣の戸塚駅、藤沢駅に遅れた形である。1889年6月には、横須賀線が開通して、分岐点の駅となった。1900年に出版された「鉄道唱歌　東海道編」では「横須賀行きは乗換と呼ばれて降るる大船の・・・」と歌われている。乗換駅であるため、鯵の押寿司やサンドウィッチ弁当で知られる、駅弁の大船軒が1898年に開業し、全国的に有名となった。

　駅の構造は、島式ホーム5面10線を有する地上駅で、戸塚、藤沢駅寄りに2つの橋上駅舎・改札口が存在し、現在は駅ナカ商業施設「アトレ大船」で結ばれている。

北側には笠間口、南側には東口、西口が存在する。広い構内、ホームは1～4番線を東海道線、5～8番線を横須賀線が使用し、湘南新宿ラインも乗り入れている。9・10番線は、根岸線・横浜線が使用している。

　1966(昭和41)年、ドリーム交通モノレール大船線が開通し、約1年間運行されていた。1970年に湘南モノレール江の島線が開通、翌年に湘南江の島駅まで延伸し、このルートで鎌倉山・江の島方面へ向かう人も多くなっている。

　沿線や車窓から見える、高さ25.3メートルの大船観音寺の白衣観音像がランドマークであり、かつては南東に松竹大船撮影所も存在した。

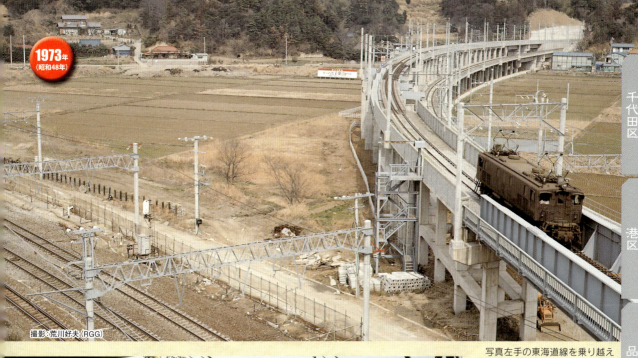

千代田区
港区
品川区
大田区
川崎市
横浜市
鎌倉市

1973年
（昭和48年）

撮影：荒川好夫（RGG）

1991年
（平成3年）

撮影：安田就視

写真左手の東海道線を乗り越えて、電気機関車が走っている高架の貨物線が根岸線と東海道貨物線との間を結ぶ連絡線である。根岸線大船延伸とともに開通した。

1985年に登場した東海道線の211系はすれ違う113系の後継車両である。同時期には東北線・高崎線にも投入されこちらは老朽化が進んでいた115系の置き換えが目的であった。

2017年
（平成29年）

1983年
（昭和58年）

大船駅の西口側には、柏尾川を挟んで2つのバス乗り場が設けられている。柏尾川の西側にある広いバス乗り場へは、再開発で設けられた歩行者デッキでつながっている。

跨線橋に続いて駅西側に開かれている大船駅西口。晴れ着姿の女性が歩く姿が見える。昭和40年代までは小さな駅舎が存在した。この西側には柏尾川に沿って古道「かまくらみち」（県道402号）が通っており、大船観音寺もすぐ近くである。

撮影：高木英二（RGG）

1973年
(昭和48年)

撮影：山田虎雄

1973年に根岸線は14年の歳月を経て、めでたく全通をみた。竣工式は大船のみで行われ盛大であったが、出発式は初電（4時50分）とあって地域の住人でも見ることは難しかったと記憶されている。

1965年
(昭和40年)

撮影：荻原二郎

改築される前の大船駅東口の駅前風景。この駅前は商店街が近く、当時から常に賑わいを見せている。

1969年
(昭和44年)

提供：朝日新聞社

翌年（1970年）3月の開業に向けて試運転が行われていた、湘南モノレールが通る富士見町駅付近（鎌倉市台）の道路（神奈川県道304号）。日本モノレール協会は、懸垂式モノレールのモデル路線としてこの線を建設し、開業準備を行っていた。

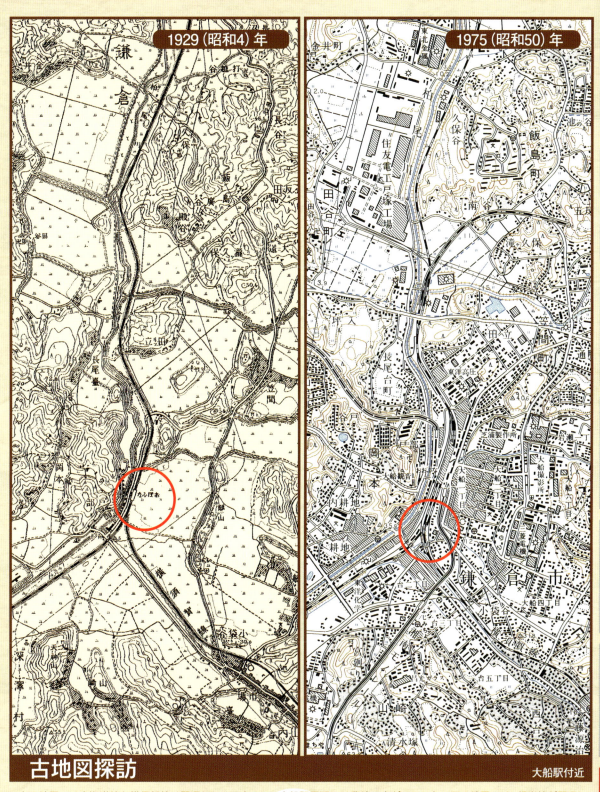

千代田区

港区

品川区

大田区

川崎市

横浜市

鎌倉市

1929（昭和4）年

1975（昭和50）年

大船駅付近

古地図探訪

　左の地図では東海道線と横須賀線は開通しているものの、大船駅周辺には農地が広がっていた。下の地図では、根岸線が開通し、市街地がかなり拡大している。地図の北側、東海道線の西側には、住友電工戸塚工場、東北金属といった工場が誕生している。東側に見える「文」の地図記号は、飯島中学校である。江戸時代からの東海道は、戸塚宿から南西の藤沢宿に向かって進んでおり。大船駅の東側では、鎌倉街道が南下している。この道路は現在、神奈川県道21号となっている。大船駅西側から延びているのは、横浜市戸塚区にあったドリームランド駅との間を結ぶドリーム開発ドリームランド線（モノレール）。1966年に開通したが、わずか1年半で休止、後に廃止となった。大船駅の西側には、大船を代表する観光地、大船観音がある。

鶴見線を走った車輌 …【クモハ12】

　1948年に鶴見線全線の1500V昇圧に伴い、それまでの鶴見臨海鉄道時代からの車両に変わり、17m車の30系、31系、50系といった車両が転入してきた。1953年の形式称号改正により、17m 3扉の車両はクモハ11、クモハ12、クハ16、サハ17などに統一変更した。鶴見線では上記の4形式が1～4両編成で1972年の72・73形の投入まで運用された。大川支線だけは急カーブ上に設置されている武蔵白石駅のホームが支障し、20m車が入線できないため、クモハ12052とクモハ12053が1996年まで現役で走り続けた。結局、この急カーブ上のホームに20m車を走らせることができず、クモハ12引退後は、このホームを撤去し、大川支線の列車は武蔵白石駅を通過することとした。

　引退したクモハ12の2両は車籍を有したまま大井工場で保存されていたが、053が2006年に除籍され、2010年に解体された。クモハ12052は現在も中原電車区に所属し、東京総合車両センターで保存されている。

横浜線、根岸線、鶴見線を走った車輌 …【72・73形】

　戦中の1944年に輸送力増強を目的に開発され、20m車体に4扉車という現在の通勤車の基本となった63形として誕生した。63形は資材を切り詰め、極限まで輸送効率を求めた戦時設計車であり、かなり粗悪なものであった。ほとんどの車両は戦後の製造であったが、戦災での深刻な車両不足と資材不足の影響もあり、それは簡素なものだった。1950年までに837両と大量に製造され、復興期を支えた車両でもあった。

　1951年4月の桜木町事故による車両火災で安全面などの車体の大きな欠陥が浮き彫りとなり、63形全車に対して、更新改造工事を施すこととなった。施工車からイメージ払拭も兼ねて形式を72形とした。1952年からは新造の72形も誕生し、1956年までに490両が製造された。63形からの改造車も含めて1400両以上という一大勢力となった。

■横浜線・根岸線

　40系や30系といった戦前型の車両が数多く走っていた同線であったが、40系が20m車であったため、63形は他線より投入が遅く1948年以降から本格的に導入された。その前にも投入されていたが、主に車両が共用の横浜線用であった。京浜東北線は集中投入されたため、1949年末にはほぼ63形となった。

　1964年の根岸線磯子開業や沿線のベットタウン化が進み、慢性的な遅延が続いていた。1965年から始まった103系の投入により711両いた72・73形は徐々に数を減らしていき、1971年4月に引退した。大半は廃車になったが、中央本線名古屋口や横浜線の増車、仙石線など様々な路線へ活躍の場を移していった車両もあった。

　一方、横浜線は相原～八王子間が4両までしか対応し

ておらず、橋本で分割する4+3といった編成で運用されていた。1972年に103系が投入され、1974年までに半数以上が置き換えられたが、引き続き39両が走り続けた。1979年に再度、103系が投入され、9月30日にさよなら運転が行われ引退した。

■鶴見線

　1972年にそれまでのクモハ11などの17m車の置き換えで京浜東北線や横浜線から捻出した72・73形が転属してきた。他路線は既に101系や103系に変わっていたが、この系列で置き換えた。鶴見線初の20m車で、クモハ73、モハ72、クハ79の3両編成12本が投入された。これにより鶴見線は大川支線を除き3両編成での運行となった。転属段階で既に高車齢であったため、1979年12月に101系での置き換えが始まり、1980年1月20日に引退した。首都圏最後の運用路線であったが、わずか8年足らずの活躍だった。

3章
鶴見線

Chapter.2 ▶

鶴見〜扇町
浅野〜海芝浦
武蔵白石〜大川

旧型国電が大手を振って走った鶴見線。205系のみが活躍する現在でも、鉄道ファンにとって人気の高い路線である。

1976年
（昭和51年）

撮影：安田就視

改築される前の鶴見駅の旧駅舎であり、この西口側に鶴見線の高架ホーム（頭端式2面2線）が存在していた。横断歩道を渡る人、駅舎の壁にもたれて待つ人の見える、昭和時代の風景である。

撮影：荻原二郎

2017年
（平成29年）

鶴見駅

つるみ →

鶴見臨港鉄道は、1930年に仮駅でスタート
現在の鶴見線は、西側の高架ホームで2面2線

　官設鉄道（後の国鉄、現在のJR）の駅としては、1872（明治5）年10月に開業した鶴見駅だが、鶴見臨港鉄道の起終点駅が誕生して連絡駅となっている。

　鶴見臨港鉄道は1926（大正15）年3月、浜川崎～弁天橋間で開通し、このときは鶴見駅付近に路線は延びていなかった。1930（昭和5）年10月に弁天橋～鶴見仮停車場間が延伸して、鶴見駅での連絡が実現する。その後、1934年12月に鶴見仮停車場から現在の鶴見駅まで延伸し、本格的な連絡となり、仮停車場が廃止されている。1943年7月、鶴見臨港鉄道は国有化されて国鉄の駅となった。

　京浜東北線のホーム、駅舎が地上駅であるのに対し、鶴見線のホームは西口側に位置し、頭端式ホーム2面2線の高架駅となっている。

　「鶴見」という地名、駅名は、この地を流れる鶴見川に由来する。「ツル」は河川周辺の土地、「ミ」は「まわり、めぐり」の意味で、鶴見駅周辺で川が大きく湾曲していることに合致する。このほか、源頼朝がここで鶴を放ったという伝説も存在する。1927年に横浜市鶴見区となる前には、神奈川県橘樹郡に鶴見町が存在した。それ以前は、1889年に誕生した「生見尾（うみお）」村があり、この村名は合併する前の「生麦」「鶴見」「東寺尾」の各村から一字ずつ取った名称であった。

2000年
（平成12年）

頭端式2面2線の鶴見線鶴見駅ホームに停車しているクモハ12型。現在も駅の構造自体は変化がない。

103系が鶴見線に投入されたのは1990年であり、路線のカラーは総武・中央緩行線、南武線同様カナリア色である。

1994年
（平成6年）

撮影：安田就視

撮影：荻原三郎

千代田区

港区

品川区

大田区

川崎市

横浜市

鎌倉市

1991年
（平成3年）

昭和レトロの雰囲気が漂う国道駅の改札口付近。ガード下の壁や天井、道路を挟んだ反対側に店を構える名物居酒屋に比べ、新たに登場しやニュータイプの自動券売機、路線表示板との違いが鮮やかである。

2017年
（平成29年）

国道駅

こくどう →

開業年：1930（昭和5）年10月28日　所在地：横浜市鶴見区生麦5−12−14
ホーム：2面2線　乗車人員：1,539人　キロ程：0.9km（鶴見起点）

1930年、京浜国道との交差点に国道駅誕生
駅所在地の「生麦」は、幕末の生麦事件で有名

　鶴見駅を出た鶴見線は、やがて左にカーブして、東海道線、京浜東北線と京浜急行線を越えてゆく。この先、第一京浜（旧国道1号、現在の国道15号）との交差点に置かれているのが国道駅である。このユニークな名前は、第一京浜（京浜国道）に由来する。この国道は1926（大正15）年に開通しており、その上を跨ぐ形である。

　国道駅の開業は、鶴見臨港鉄道時代の1930（昭和5）年10月である。1943年7月に国有化されて、鶴見線の駅となった。開業当時は、鶴見駅（仮駅）との間に本山駅が存在した。国道駅の構造は相対式ホーム2面2線を有する高架駅。1971（昭和46）年3月以来、無人駅となっている。

　この駅のガード下は、昭和の雰囲気を残しており、テレビ番組などでも紹介される機会が多く、レトロな店構えの焼き鳥店「国道下」などが存在する。また、西側には京浜急行の花月園駅が存在し、乗り換えが可能である。

　国道駅の所在地は、鶴見区生麦5丁目である。「生麦」といえば、幕末に発生した生麦事件で全国的に有名な地名である。1862（文久2）年、薩摩藩主の父である島津久光の行列に、騎馬のイギリス人が乱入して殺傷された事件であり、イギリス軍艦が鹿児島湾に入港し、市内を焼失させる翌年の薩英戦争の原因となった。

1987年
(昭和62年)

いかにも買収国電の駅らしい国道駅に停車しているクモハ
12型の定期営業運転最終日は1996年3月15日であった。
撮影：荻原二郎

1931 (昭和6) 年

古地図探訪

国道駅付近

　この地図では、鶴見臨港鉄道の路線が2本存在している。北西から南東に延びる路線には国道駅の表示があり、これが現在の鶴見線の路線となっている。一方、北側を通る路線は、1925年に開通した海岸電気軌道の路線である。この軌道線は同年6月、この地図に見える区間を含む総持寺～富士電機前間が開業し、10月に総持寺～大師前間の路線が全通した。この地図には、下野谷、潮田の2駅が見えるが、1930年に鶴見臨港鉄道に買収されて同社の軌道線となった後、1937年に廃止された。

　一方、この時代の鶴見臨港鉄道線には、鶴見小野駅は開業しておらず、南東の隅に弁天橋駅がある。こちらの沿線にはほとんど建物がないが、海岸電気軌道の沿線には、下野谷駅に近い場所に下野谷小学校を示す「文」の地図記号が見える。

千代田区

港区

品川区

大田区

川崎市

横浜市

鎌倉市

撮影：荻原二郎

下り側に設置されている鶴見小野駅の地平駅舎である。戦前から工業学校、工場の玄関口であったが、生徒は鶴見駅から徒歩で通っていたという。現在とほぼ同じ外観だが、国鉄からJRに変わり、駅名看板が異なっている。1971年までは駅員が配置されていた。

2017年
（平成29年）

鶴見小野、弁天橋駅

つるみおの
べんてんばし

鶴見小野	▶開業年：1936（昭和11）年12月8日	所在地：横浜市鶴見区小野町24
	ホーム：2面2線 乗車人員：4,905人	キロ程：1.5km（鶴見起点）
弁天橋	▶開業年：1926（大正15）年3月10日	所在地：横浜市鶴見区弁天町1−2
	ホーム：1面2線 乗車人員：5,416人	キロ程：2.4km（鶴見起点）

鶴見小野駅は、国有化前の工業学校前停留場から 1926年、弁天橋駅が鶴見臨港鉄道の終着駅に

　国道駅を出た鶴見線は、今度は鶴見川を渡り、鶴見小野駅に至る。この鶴見小野駅は、鶴見臨港鉄道の開業当時には存在せず、1936（昭和11）年12月、工業学校前停留場として開業している。1943年7月、国有化されて鶴見線となった際に駅に昇格し、現在の駅名に改称した。駅の構造は相対式ホーム2面2線を有する地上駅で、上下線それぞれに駅舎が存在する。

　開業時の駅名は、同じ年に開校した横浜市立鶴見工業実習学校から採られていた。この学校は戦後、市立鶴見工業高校となり、2011（平成23）年に閉校した。現在の駅名は、所在地の地名（小野町）から採られている。この地名は、江戸時代にこの地を埋め立てて、新田を開発した

名主の小野氏によるものである。

　次の弁天橋駅との間には、線路の北側に鶴見線営業所（車庫）が置かれている。かつての弁天橋電車区で、1990年に現在の名称となった。

　弁天橋駅は、1926（大正15）年、鶴見臨港鉄道の浜川崎〜弁天橋間の開通時に開業している。1930（昭和5）年に海岸電気軌道を合併し、鶴見駅（仮駅）までの鉄道線が開通した。その後、1935年に鶴見川口駅までの貨物支線も開業している。駅の構造は、島式ホーム1面2線を有する地上駅で、駅名は付近に弁財天を祀る池が存在し、そこに橋が架けられていたことに由来する。

鶴見臨港鉄道時代の終着駅であり、3つの異なる屋根をいただいている弁天橋駅の駅舎。駅利用者は多く、駅前売店や花壇も設置されていた。現在は駅前に食堂やコンビニもできており、駐輪場も整備されている。

1968年（昭和43年）

撮影：荻原二郎

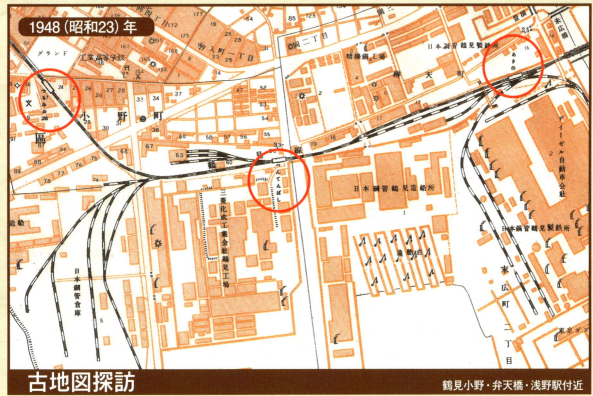

1948（昭和23）年

古地図探訪

鶴見小野・弁天橋・浅野駅付近

　国道駅付近で第一京浜（国道15号）と交差した鶴見線は、今度は鶴見小野駅と弁天橋駅との間で、産業道路と交差する。この産業道路は、神奈川県道6号であり、横浜市鶴見区生麦を起点として、川崎市川崎区内を走り、東京都に入って都道6号となり、大森警察署前交差点に至る。戦後の一時期には、都道1号と呼ばれていた。現在は、首都高速神奈川1号横羽線がこの上を走っている。
　弁天橋駅の西側には、鶴見臨港鉄道時代から弁天橋車庫が置かれており、国鉄時代の弁天橋電車区、運輸区をへて、現在は鶴見線営業所となっている。駅の南側には、三菱化成工業会社鶴見工場が見える。この工場の東側には、日本鋼管鶴見造船所が存在し、南（海）側には造船台（ドック）が並んでいる。次の浅野駅の南側には、ディーゼル自動車会社がある。

千代田区
港区
品川区
大田区
川崎市
横浜市
鎌倉市

撮影・安田就視

東側に運河が流れ、北側には入船公園、テニスコートがある浅野駅。これは西側の弁天橋駅方面を見た構内の風景である。左手前には日本鋼管（現・JFEエンジニアリング）の事業所が広がっている。

浅野駅

あさの

開業年：1926（大正15）年3月10日　　所在地：横浜市鶴見区末広町2-1
ホーム：3面4線　乗車人員：894人　　キロ程：3.0km（鶴見起点）

鶴見線には、実業家名に由来する駅が多数存在 浅野駅は、浅野財閥の創始者、浅野総一郎から

　浅野駅は、鶴見臨港鉄道の浜川崎～弁天橋間の開通時である1926（大正15）年3月に開業している。当時の鶴見臨港鉄道は貨物線であり、1930（昭和5）年10月、全線が電化された際に駅に昇格し、旅客営業も開始された。1943年には鶴見川口駅までの貨物支線の分岐点が、弁天橋駅から浅野駅に変更されたが、この線は1982（昭和57）年に廃止された。1971年3月に無人駅となった。

　浅野駅の手前では、鶴見線の扇町駅方面（本線）と海芝浦駅方面（海芝浦支線）の2線が分岐する形となっている。そのためにホームは、扇町駅方面は島式1面2線、海芝浦駅方面は相対式2面2線となっており、その間に駅舎が存在する。ホーム間の移動は、構内踏切を使用している。

　鶴見線の駅名には、人名から採られたものが多く、この駅は鶴見臨港鉄道の設立者、浅野総一郎にちなんだものである。浅野総一郎は富山県に生まれ、一代で浅野財閥を築いた大実業家で、浅野セメント（現・太平洋セメント）など多くの会社を立ち上げて成功を収めた。1914年には、鶴見埋築株式会社（現・東亜建設工業）を創立し、鶴見地区において東京湾の埋め立てを推進している。この埋め立て地に建設したのが、鶴見臨港鉄道であり、1943年の第二次世界大戦下に戦時買収私鉄に指定されて、国鉄の鶴見線となった。

中央快速線の豊田電車区から転属してきた101系はしばらくオリジナル塗装のオレンジ色のまま運用された。

撮影：高野浩一

1980年
（昭和55年）

1960年頃

浅野駅の駅名は浅野財閥の浅野総一郎に由来しており、日本鋼管（現・JFEエンジニアリング）は、浅野財閥の中核企業だった。駅のすぐ南側には鶴見事業所があり、会社関係の貨車が駅構内にもあふれていた。

撮影：中西進一郎

浅野駅のホームは、本線が島式1面2線、海芝浦支線が相対式2面2線のホームとなっている。左側に旅客用の電車、右側にSL牽引の貨物列車が並んでいる、懐かしい時代にさかのぼれる1枚である。

撮影：中西進一郎

千代田区

港区

品川区

大田区

川崎市

横浜市

鎌倉市

1967年
（昭和42年）

撮影：荻原二郎

安田財閥の安田善次郎にちなんだ駅名である「安善（あんぜん）」だが、「あんぜん（安全）」という響きから、駅で発売される切符に人気が出たこともあった。「安善駅ANZEN STATION」というシンプルな駅名表示板が掲げられていた頃の木造駅舎で、笹飾りが見える。

2017年
（平成29年）

安善駅

あんぜん

開業年：1930（昭和5）年10月28日　**所在地**：横浜市鶴見区安善町1丁目
ホーム：1面2線　**乗車人員**：1,625人　**キロ程**：3.5km（鶴見起点）

銀行家の安田善次郎から、「安善」の駅名誕生
当初は貨物駅「安善町」、後に「安善通」から改称

　安善駅は、鶴見臨港鉄道の浜川崎～弁天橋間が開通した1926（大正15）年3月、貨物駅の安善町駅として開業した。同年4月には貨物支線（石油支線）が石油（後の浜安善）駅まで開通し、1930（昭和5）年10月、石油支線との分岐点に旅客駅の安善通駅が開業した。1943年7月、鶴見臨港鉄道が国有化されて、鶴見線となったとき、安善通駅と安善町駅が統合されて、現駅名の安善駅となっている。1986（昭和61）年には浜安善駅までの貨物支線が廃止された。

　安善駅の構造は、島式ホーム1面2線の地上駅で、海（南）側には貨物ヤードが存在し、構内はかなり広い。1971年3月に無人駅となっている。

　この安善駅も浅野駅と同様、実業家で安田財閥の創設者、安田善次郎の名から採られている。銀行家であった安田善次郎は鶴見地区の埋め立て事業の出資者となり、鶴見臨港鉄道の開業に力を尽くしたことから、駅名としてその名が残された。

　この駅の北側の寛政町には、神奈川県立東部総合技術校、横浜市立寛政中学校が置かれている。この寛政中学校は、1957年に潮田中学校の分校として誕生し、1962年に独立した学校となっている。神奈川県立東部総合技術校は、神奈川県の公共職業能力開発施設である。また、南側にはヤマト運輸物流ターミナルが存在する。

101系投入時から方向幕の色分けがなされるようになり、103系にも引き継がれた。扇町行が赤色、海芝浦行きが緑色、大川行き（103系のみ）が黄色であった。

撮影：安田就視

広大な貨物ヤードがある安善駅。写真の右手には石油タンクがある。ここは戦前からの貯油施設で、その名の通り「石油駅」があった（後に浜安善駅に改称されるが廃止となる）。

撮影：安田就視

1948（昭和23）年

古地図探訪

安善・武蔵白石駅付近

　地図の西側には、旅客駅であった安善通（現・安善）駅が見え、東側には武蔵白石駅が置かれている。この武蔵白石駅は、鶴見線の本線上にあり、大川駅に向かう大川支線はその手前、安善通駅側から分かれている。この本線、支線とともに鶴見線・東海道貨物線からは、各工場、倉庫などに向かう引き込み線が多数存在している。こうした工場、倉庫は、西側から、日本電解製鉄所、日本石油会社製油所、富士電機製造会社、日本鋳造会社川崎工場、昭和電工会社変電所、鈴江組倉庫、日発塩田発電所などである。

　この地区の地名は、横浜市鶴見区側には寛政町、安善町などが見える。一方、白石橋が架かる運河を挟んだ東側は、川崎市川崎区であり、田辺新田、白石町などの地名が記されている。

撮影：安田就視

鶴見線の本線と大川支線が分岐している武蔵白石駅。写真奥には、大川駅に向か支線の列車が見え、左側のホームに向かっている。この大川支線のホームは1996年に廃止され、列車は通過扱いとなった。

2017年
(平成29年)

武蔵白石駅

むさししらいし

開業年：1931（昭和6）年7月25日　所在地：川崎市川崎区白石町1−5
ホーム：2面2線　乗車人員：1,601人　キロ程：4.1km（鶴見起点）

白石町に存在し、初代駅は一旦廃止の歴史あり
現在駅は二代目、31年に停留場として開業した

　武蔵白石駅は、1926（大正15）年3月、鶴見臨港鉄道の浜川崎～弁天橋間の開通時に貨物駅として開業している。1930（昭和5）年11月に一度は廃止されたが、1931年7月に旅客営業のみの武蔵白石停留場が生まれ、1936年3月、駅に昇格して、二代目の武蔵白石駅となった。1943年に鶴見臨港鉄道が国有化され、鶴見線の駅となっている。

　武蔵白石駅の構造は相対式ホーム2面2線の地上駅で、駅舎は扇町駅方面へのホームに直結する形で北側に置かれている。鶴見駅方面へのホーム（南側）とは、構内踏切で結ばれている。また、南側には大川支線が通っているが、この大川支線のホームは1996（平成8）年に廃止

されて列車は通過扱いとなり、隣の安善駅が運転上の分岐点となっている。1971（昭和46）年3月に無人駅となっている。

　この武蔵白石駅の所在地は川崎市白石町であり、浅野、安善駅と同様に人名から名付けられた駅である。その人物とは、日本鋼管創業者である白石元治郎で、当時、白石駅は国鉄の函館本線（北海道）、東北本線（宮城県）、肥薩線（熊本県）に存在したため、「武蔵」を冠した駅名となった。この白石元治郎は、浅野商店に勤務し、浅野総一郎の娘婿となった人物で、1912年に日本鋼管を創設した。駅の北側には富士電機川崎工場、南側には日本鋳造本社や三和倉庫川崎事業所などが存在する。

1991年
（平成3年）

撮影：安田就視

鶴見線では戦前に製造された17メートル車のクモハ12型が鶴見駅を除く全駅が無人駅となった1970年代以降も大川支線の折り返し運転で活躍した（20メートル車の入線が不可能であった）。しかし1996年に引退し、同時に大川支線の電車は武蔵白石駅に停車しなくなった。現在は本線との乗り換えは安善駅で行われる。

鶴見線は東京湾の埋め立て地に立地する工業地帯へ通う通勤路線であるが、昨今では昭和に浸れる路線としても高い人気がある。

2000年
（平成12年）

撮影：安田就視

千代田区

港区

品川区

大田区

川崎市

横浜市

鎌倉市

1983年
（昭和58年）

貨物線、貨物駅でスタートした鶴見線の駅では、途中から無人駅になったこともあり、旅客用の駅舎、改札口は簡素なものが使用されている。浜川崎駅でも、鶴見線の駅では、このような小さな駅舎、跨線橋が使用されていた。

2017年
（平成29年）

浜川崎駅

はまかわさき →

開業年：1918（大正7）年5月1日　　所在地：川崎市川崎区南渡田町1－2
ホーム：2面4線（実質2面3線）　　乗車人員：2,606人　　キロ程：5.7km（鶴見起点）

1918年に東海道貨物支線の終着駅として開業
鶴見臨港鉄道の駅が6年後に開業して、接続駅に

　鶴見線の前身である、鶴見臨港鉄道が開業する前の1918（大正7）年5月、東海道本線貨物支線の駅として開業したのが、この浜川崎駅である。その8年後の1926年3月、鶴見臨港鉄道の起終点駅である浜川崎駅が開業した。このときは、どちらも貨物駅であった。1928（昭和3）年8月には、浜川崎～扇町間が開業し、途中駅となった。1929年3月、後に統合される鶴見臨港鉄道の渡田駅も開業している。

　1930年3月、南武線の前身である南武鉄道の貨物駅として、新浜川崎駅、浜川崎駅が開業した。同年4月には、新浜川崎駅と渡田駅が旅客営業を開始した。1943年に鶴見臨港鉄道が国有化されて鶴見線となると、渡田駅が

浜川崎駅に統合される形で、浜川崎駅が旅客営業を開始している。1944年には南武鉄道も国有化されて南武線（浜川崎支線）と変わり、新浜川崎駅が浜川崎駅に統合された。1971（昭和46）年に鶴見線改札、1993（平成5）年に南武線改札が無人化されている。

　浜川崎駅には、道路を挟んで鶴見線と南武線の2つの駅舎が存在する。どちらの駅も、島式ホーム1面2線を有する地上駅である。南武線のホームが1・2番、鶴見線のホームが3・4番線となっている。鶴見線の駅舎は、跨線橋を結ばれた橋上駅舎の形態となっており、ほとんどの列車がこの駅で折り返す形である。この駅の東側には、JR貨物の駅が存在している。

木造駅舎だった頃の浜川崎駅。これは、北側にある南武線のホームに設置されていた駅舎である。パンの木箱が積まれた商店が隣接しており、賑やかで活気のある駅前風景が見られた。

1967年
（昭和42年）

撮影：荻原二郎

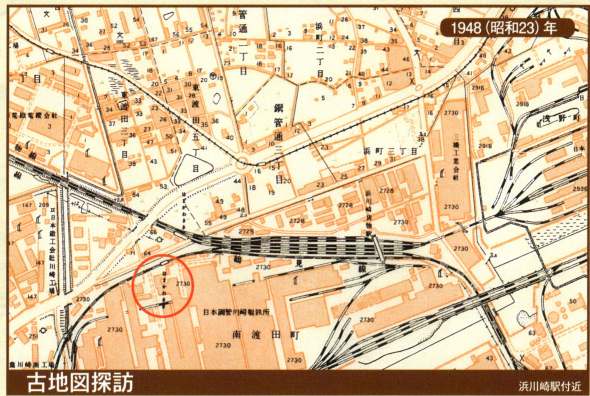

1948（昭和23）年

古地図探訪

浜川崎駅付近

　戦後間もない1948年の浜川崎駅周辺の地図であり、北側には、川崎市電が走っている。この市電は、川崎駅前（市電川崎）から、市電通りの渡田新町、小田栄町を経由して、浜川崎駅の北東にある「鋼管通り」交差点に至り、今度は産業道路（県道6号）を北東に向かい、塩浜に至っていた。この川崎市電は第二次世界大戦中の1944年に開業し、1969年に廃止されている。
　地図の中央やや下には、南側から鶴見線、西側から南武線、東側から東海道貨物線がやってくる浜川崎駅が存在する。この時代、西側に2つの浜川崎駅があり、東側には浜川崎貨物駅が存在していた。駅の南側の南渡田町には、日本鋼管川崎製鉄所が広がっている。一方、北側には現在も残る「鋼管通」の地名が見える。

千代田区
港区
品川区
大田区
川崎市
横浜市
鎌倉市

『横浜市史』に登場する鶴見臨港鉄道

海岸電気軌道の創立

大正4年5月10日からの院線東京・横浜間の電車運転開始、つづいて同年12月30日の桜木町までの延長運転についての経緯はすでにふれたとおりである。その結果、京浜電鉄側は乗客の大半を奪われて著しい減収を来したといわれている。すなわち同社大正4年下半期の報告書には、「平常ノ収入ハ前半期ヨリ打続キ更ニ一段ノ減率ヲ示シ結局金七万九千余円ノ大減収ト」と記され、「今其原因ヲ尋ヌルニ前半期末ニ開通シタル院電京浜線ノ影響最モ甚シク加フルニ時局ニ基ク財界ノ不況依然恢復ノ期ニ至ラズ……尚ホ前年同期ハ大正博覧会ノ開期ニ跨リシ為メ自然社線ノ殷賑ヲ招キタリ」と述べられている。同時に、「然レ共退テ考フルニ院線ト離隔セル川崎以南ノ地域ハ工場地又ハ住宅地トシテ発展ノ気運著シキモノアルヲ以テ之ヲ東楡ニ失ヒ之ヲ西陸ニ得ンコト必ズシモ遠キ将来ニアラザルベシ」と結ばれているのは注目されよう。いうまでもなく、大正2年4月から9月にかけて、次節に詳述するように、京浜工業地帯形成の基盤となる末広町・安善町・白石町・大川町・浅野町などで埋立工事が続々と着手されていることにも充分留意しておきたい。もちろん、院線電車開通によって京浜電車の京浜直通客減少の趨勢は如何ともなしえなかったが、「中途乗客即チ短距離乗客ハ益々増加ノ傾向ヲ示シ……沿線各町村ノ発展ニ伴フ実用的交通ノ増進」は見込まれていたのである。

ところで、この京浜電気鉄道が、海岸を通ずる軌道敷設の計画立案を試みたのは、明治43年に遡る大森から羽田を経て鶴見に至る大迂回線であったが、明治末期から大正初期の段階では採算不確実とみられて、大正5年10月には出願が一旦却下された。その後、第1次大戦期における好況への移行の中で、あらためて別個に海岸軌道会社を設立することとした。すなわち、大正5年12月25日付で、安田善三郎・青木正太郎ら9名の発起人はつぎのような「海岸電気軌道敷設願」を神奈川県を経由して内閣総理大臣寺内正毅・内務大臣後藤新平あて提出した。

海岸電気軌道敷設願

神奈川県橘樹郡町田、田島、大師河原諸村ニ於ケル海岸方面ハ近来多数ノ諸工場新設セラレ従テ戸数日ニ増加シ将来大ニ開発ヲ見ルベク且ツ沿岸一帯ハ天然ノ勝景ニ富ミ陸ニハ礦泉湧キ海水清澄游覧地トシテ亦京浜間ノ一名勝タルベキハ一般ノ認メル所ニ御座候ニ就テハ今般神奈川県橘樹郡生見尾村字鶴見字豊岡ヲ起点トシ同郡田島村ヲ経テ同郡大師河原村大字大師河原字中瀬新地ニ至ル間ニ電気軌道約五哩四分ヲ敷設シ一般運輸ノ業ヲ営ミ以テ沿岸交通ノ資ニ供シ度候（下略）」

さらに、「起業目論見書」によれば、資本金は、35万円（7000株）、京浜電鉄より電力の供給をうけ、営業年限は50年とし、京浜電鉄総持寺停留所際を起点とし、同じ大師停留場際に至る単線運転の計画であった。時の神奈川県知事有吉忠一は、関係3ヵ町村に対して、既存道路上の軌道敷設について諮問した。田島村・大師河原村などは、基本的には賛成であったが、軌道条例ならびに同取扱心得によって、道路の幅員の拡築を起業者に命令することを条件とした。

ちなみに、京浜電鉄は、大正6年7月には運河開設の免許を、こえて9月には運河事業兼営の認可を得、あわせて川崎町との水道事業契約、さらに翌大正7年5月までに約28万余坪の土地を買収している。しかも、東海道線川崎・浜川崎間は大正7年5月1日に開通しているのである。

しかし、その後軌道敷設の計画立案はかならずしも順調にはいかなかったようである。単に地元から要求が出された道路の幅員の拡大の作業が難行したにとどまらず、用地買収費や土木費・工事費も増加するいっぽうで、官有地の払下げや県・郡費の補助など、地元との折合を懸命につけようとしたのである。かくて、大正8年12月3日に敷設計画は免許をうけることができて、翌大正9年11月1日に、資本金200万円の海岸電気軌道株式会社が創立された。株主・発起人ともに京浜電鉄側の重役とほぼ同一であって、創立当初は青木正太郎が取締役社長であった。実際の敷設工事は、反動恐慌・関東大震災などのため延期され、大正13年8月より、大師・総持寺の両終点より一斉に起工し、総持寺・富士電機会社間、大師・桜橋間がまず竣工した。その間日本石油・芝浦製作所鶴見工場などの大工場がぞくぞくと進出してきたため、海岸電気軌道の営業開始が待望される結果となり、大正14年8、9月ごろまでに完成を見込むにいたったが、実際には、開業は翌10月になった。「弊社ハ専属職員ハ実際上之ヲ設置セズ必要業務ハ京浜電気鉄道株式会社在籍職員ヲ以ツテ執行」することとし、電気軌道方式の単線運転で、そのため1哩ごとに待避線をつくり、軌間は4フィート6インチであった。旅客輸送を中心においたとはいえ、すでに、大正10年6月1日より京浜電鉄が貨物運輸の営業を開始していたので、海岸電軌へも開業と同時に貨車を配車したのも、きわめて当然のことであった。当初は、定員76人乗の50馬力のモーター4箇をもつ重量20トンのボギー電車10台と、おなじく定員42人乗の4輪車9台が旅客用で、貨物用は、重量3トン半の7トン半

積ボギー車２台であった。たとえば、大正15年度下半期の乗客員数は738,582人で前年同期より223,000人余増加しているが、翌昭和２年上期には652,000人に達したものの前年同期より9000円の収入減少であった。資料的制約もあって、わずか２期であるが、この２期はいずれも黒字ではなく、欠損を生じている。

鶴見臨港鉄道の創立と海岸電気軌道の吸収

大正13年２月12日、東京湾埋立会社内で、同社の埋立地に進出していた関係諸企業の代表者たちでもある浅野総一郎・大川平三郎・白石元治郎・岩原謙三・岡和・渡辺嘉一・正田貞一郎らを発起人として、鶴見臨港鉄道敷設免許の申請を神奈川県経由で鉄道大臣あて提出した。「今回私共相謀リ神奈川県橘樹郡田島町御線東海道支線浜川崎駅ヨリ分岐シ同県同郡潮田町東京湾埋立株式会社所属埋立地ニ至ル間ニ地方鉄道ヲ敷設シ一般貨物運輸ノ業相営」のためであった。

さきの海岸電気軌道が、いわば京浜電鉄を親会社とする「子会社」的存在で旅客輸送中心であったのに対し、鶴見臨港鉄道は、京浜工業地帯に割拠する日本鋼管・浅野造船・三井物産・芝浦製作所・日清製粉などの諸企業の利害関係を背景に貨物輸送を第１としていた点は、指摘するまでもあるまい。

ところで、浅野総一郎らの申請書に対して、神奈川県知事安河内麻吉の「調査書」は「海岸電気軌道株式会社軌道（特許未成線）ノ一部ト稍並行セル部分アルモ本申請路線ハ鉄道貨物線ヨリ分岐シ其ノ地域多大ナル海岸埋立地ニ向テ支線ヲ設ケントスルヲ以テ該軌道ト利害ノ反スルコトナカルヘシ」とのべ、さらに南武鉄道会社延長線との競願の姿にあることを指摘している。それゆえ「本線ハ貴省貨物線ニ連絡スルヲ以テ貴省ニ於テ御差支無之候ハハ地方発展上資スル所尠カラス」と結論している。

これに対する免許は４月26日付で下り、資本金100万円の鶴見臨港鉄道株式会社が同年７月26日に創立されている。

鉄道敷設工事は、埋立地間にある運河の橋梁架設工事から着手され、大正15年３月５日には、浜川崎・弁天橋間と大川支線、同じ４月８日には安善町支線が竣工している。オレスタインエンドコッペル社製造の自重36トン半の蒸汽機関車に、５輌の国産型貨車が牽引されて、京浜工業地帯を往復することとなったのである。昭和２年金融恐慌後の３年５月には、複線化工事が開始され、同年８月18日には、浜川崎・扇町間が開通している。もともとこの線の免許は昭和２年３月に得ているが、扇町地区の埋立工事は未完成で、しかもこれと平行して鉄道省火力発電所と三井物産埠頭の建設工事とが同時に進行していた。さらに「第２期計画」ともいうべき弁天橋から

鶴見駅に至る工事は、昭和３年３月末に着手して、やっと５年10月28日に完成した。それは、大半が高架であったところにくわえて、鶴見川鉄橋・京浜（新旧）国道跨線橋、京浜電鉄ならびに東海道本線跨線橋といった難工事のために期間がのびたためであった。そして、弁天橋・浜川崎間の複線化とともに、扇町・鶴見間の電化工事と旅客専用の電車運転工事も同時に竣工した。

さて、鶴見臨港鉄道の営業状態を検討する前に、鶴見町ならびに、田島町・鶴見駅・川崎駅を中心とした人口増加と東海道線の乗降人員の動きをみると、反動恐慌期に一時、人口の減少がみられるものの、関東大震災後も着実に人口が増加している。乗降人員の動きも、関東大震災後の伸びが大きく、居住人口の増加率よりも鉄道利用客の増加率が大きい点に注目しておきたい。

鶴見臨港鉄道の収益状況をみると、大正15年上期を唯一の赤字とするが、以後昭和４年に向って差引利益は増加の一途をたどっている。だが、その後は利益は急速に減少に転ずる。大正15年下期を基準（100）にすれば、昭和５年下期以降は42、12、9と急速に減少している。運輸・貨車・雑の３収入の合計は、同じ基準で３～４倍に増加したが、貨車収入だけをみると５年上期をピークにその後は減少している。さらに、営業費・支払利子にくわえて、昭和５年３月１日に吸収合併した旧海岸電気軌道の収支状況や自動車部門の赤字が大きく影響を与えてこうした赤字をもたらしたものとみられる。また、埋立地域の諸大企業の貨物輸送を商品別に検討してみると、多様化の傾向をみせつつも、５年下期以降減少に転じている。平均貨物収入をみても、１キロ平均では昭和５年上期がピークであって、同年下期・翌６年上期は、昭和４年上下期より収入額は減少している。

鶴見臨港鉄道は、昭和恐慌期に入るや経営内容が著しく悪化する状態においこまれたが、そうした状態のうちにあって、同社は、海岸電気軌道の合併、あるいは旅客輸送用の電車運転と新しい局面打開に腐心していた。別のいい方をすれば、海岸電気軌道とその親会社でもあった京浜電鉄とはげしい競争関係にあったといってよい。

また、鶴見臨港鉄道は地方鉄道としての性格をもっていた点にとどまらず、国鉄鶴見駅・川崎駅とも連絡可能であり、創立当初より軌間が３フィート６インチと国鉄との連帯運輸の条件も具備していたのに対し、相手の海岸電気軌道の軌間は、京浜電鉄との関係から４フィート６インチであり、もともと合併後海岸電軌線は存続できにくい条件をもっていたのである。

千代田区
港区
品川区
大田区
川崎市
横浜市
鎌倉市

撮影：荻原二郎

現在もローカル色漂う木造駅舎が現役を続けている昭和駅。この頃の駅名看板は、昭和レトロの味わいたっぷりで、旧型国電とマッチしていた。
2017年、この駅舎は老朽化のために改築が発表され、姿を変えることになっている。

2017年
（平成29年）

昭和駅

しょうわ →

開業年：1931（昭和6）年3月20日　**所在地**：川崎市川崎区扇町1
ホーム：1面1線　**乗車人員**：569人　**キロ程**：6.4km（鶴見起点）

昭和電工の前身、昭和肥料があった場所に昭和駅 1931年に停留場として開設。国有化で駅昇格

　鶴見臨港鉄道は、浜川崎駅を出ると、神奈川県道101号（扇町川崎停車場線）と並ぶ形で、南渡田運河を渡って、次の昭和駅に至る。ここは北を南渡田運河、東を池上運河、南を京浜運河、西を田辺運河に囲まれた島であり、終点駅である扇町駅も存在する。鶴見線の浜川崎・扇町間は単線並列区間で、旅客線と並んで貨物線が走っている。

　この扇町地区は、1913（大正2）年から浅野総一郎による埋め立て工事が開始され、1928（昭和3）年に完成して、扇町と名付けられた。同年8月には、鶴見臨港鉄道が、当時は貨物駅（1930年に旅客駅へ）であった、扇町駅

まで延伸している。中間駅の昭和駅が開業したのは3年後の1931年3月で、当時は停留場であった。1943年7月、国有化されて鶴見線となった際に駅へと昇格した。

　昭和駅は1928年に設立された昭和肥料（現・昭和電工）の社名に由来する。隣の浜川崎駅とは0.7キロ、扇町駅は0.6キロしか離れておらず、日中の列車の本数はかなり少ない。駅の構造は単式1面1線の地上駅で、1971（昭和46）年3月に無人駅となった。かつては東亜石油京浜製油所に続く専用線が存在したが、2011（平成23）年に工場が閉鎖されて使用されなくなった。

横浜線、根岸線を走った車輌 …【E233系】

■横浜線・根岸線

　横浜線のE233系は205系の置き換え用として2014年より製造され、2014年2月16日より営業運転を開始した。営業運転開始時は前後に異なる絵柄のヘッドマークを掲出し、そのデビューを飾った。この車両は6000番台として同年8月までに横浜線向けに8両編成28本が製造された。主な特徴としては、前面窓下部と車体中央の帯部に"YOKOHAMA LINE"と沿線自治体である横浜市、町田市、相模原市の市の木であるケヤキの葉のロゴがあしらわれた。また、先頭車の乗務員扉付近に横浜線と根岸線の駅28駅の駅スタンプが貼られた。この駅スタンプは2015年ごろより順次剥がされた。

　この6000番台は前号で触れた埼京線用7000番台と同様に205系に比べ定員が1割増したため、6扉車は連結されなかった。また、H023編成は東急車輌製造時代から数えて、総合車輌製作所横浜製作所で製造され

た8000両目のオールステンレス車体となっている。
　現在は28編成224両が鎌倉車両センターに配属され、横浜線と根岸線で運用されている。

横浜線、根岸線、鶴見線を走った車輌 …【205系】

■横浜線・根岸線

　横浜線の205系は1988年から1989年にかけて7両編成25本が導入し、同線の103系を置き換えた。首都圏では山手線に続く205系の投入となり、横浜線向けよりドア窓の大きさが大きくなった。1993年にはATS-P化の予備車確保のため、山手線から205系の初期車を借り、帯を張り替え2ヶ月ほど運行した。また、1994年には8両編成化と共に6扉車であるサハ204-100が登場し2号車に組み込まれた。このサハ204-100はドア部の構造や台車を当時最新鋭であった209系と同様のものとなり、8両化した編成は識別のため"8Cars"のステッカーが前面に貼り付けられたが、のちに撤去された。

　その後、更なる輸送力増強のため山手線などから車両を転属させ、2009年には28編成体制となった。最後に転属してきた編成は武蔵野線からの転属車でこの編成のみ6扉車が連結されなかった。205系0番台最後の製造車両や数の少ない大船工場製の車両がいたりとバラエティーに富んだ横浜線の205系であったが、2014年2月のE233-6000の投入に伴い、廃車が進行し、2014年8月23日にさよならヘッドマークを取り付けたH1編成が最後の力走を見せ、横浜線から引退した。引退した205系は5編成が廃車。22編成がインドネシアに譲渡。1編成が南武線に転属したほか、サハ204-105は鉄道総合技術研究所に譲渡された。

■鶴見線

　鶴見線の205系は2004年から首都圏で遅くまで残る同線の103系置き換え用として、E231-500の導入で余剰となった山手線205系の中間電動車と山手線か

らの6扉車サハ204を組み込み余剰となっていた埼京線のサハ205を改造し導入された。中間車が転用されたため先頭車改造が施され、この際に205系の新番台区分となるサハ205改造のクハ205-1100とモハ204改造のクモハ204-1100が誕生した。このクモハ204-1100とペアを組む中間車のモハ205は手を加えなかったため、改番はされなかった。

　この改造を施した先頭車の外観は他の205系とは様変わりし、前面が一枚の大きな曲線ガラスとなり、運転台も209系などと同様のワンハンドルマスコンが採用された。帯色は103系と同様の黄色に白と青の下部線を加えたものとなった。種車となった205系の製造時期が異なるため、クハ205－1100のみドア窓の大きさが大きくなっている。当初は山手線時代と同様の菱形パンタグラフであったが、2009年にシングルアームパンタグラフに改装されてた。2005年の4月までに9本が導入され、鶴見線の運用についている。

千代田区
港区
品川区
大田区
川崎市
横浜市
鎌倉市

撮影・高木英三（RGG）

工場地帯に置かれている無人駅の扇町駅だが、貨物を取り扱う作業員が普段は詰めている。近年は木々が植えられて、猫の多い撮影スポットにもなっており、駅前には売店や居酒屋が営業している。

2017年
（平成29年）

扇町駅

おうぎまち →

開業年：1928（昭和3）年8月18日　**所在地**：川崎市川崎区扇町4-5
ホーム：1面1線　**乗車人員**：611人　**キロ程**：7.0km（鶴見起点）

1928年の鶴見臨港鉄道延伸で終着駅に
埋め立てに尽力した浅野総一郎の家紋が「扇」

　1928（昭和3）年8月に鶴見臨港鉄道が浜川崎駅から延伸し、新しい終点となったのが扇町駅である。当時は貨物線であり、旅客営業を開始したのは1930年10月からである。以来、この付近の工場に通う労働者らの足となってきた。「扇町」は、この地を埋め立てた浅野財閥の創業家・浅野総一郎の家紋であった扇にちなんで付けられている。

　扇町駅の構造は、単式ホーム1面1線の地上駅であるが、もう1本の貨物線も存在する。1971（昭和46）年3月に無人駅となっている。

　この先に行く鉄道線や道路はないが、京浜運河を挟んで扇島が存在し、現在は首都高速湾岸線が貫通している。この場所には、東京ガス扇島工場、扇島太陽光発電

所があるが、戦前には、「扇島」は海水浴場として有名な場所でもあった。

　この付近には、関東大震災後の京浜運河の開削により、浚渫された土砂が捨てられたことで砂州が形成され、昭和初期に海水浴場として開発された鶴見臨港鉄道でも、1931年から、当時の渡田駅（後に浜川崎駅と統合）と武蔵白石駅の間に夏季のみの臨時駅である「海水浴前」駅を設け、自社で経営する海水浴場への遊覧船（渡し舟）を運航していた。ここは、交通の便の良さから多くの海水浴化を集めていたが、戦時下の体制になるにつれて客は減り、1942年に廃止された。その後、本格的に埋め立てられて工場地帯となったのである。

鶴見線の終着駅である扇町駅には、鶴見行きの103系電車が見える。
駅は単式1面1線の構造で、シンプルなホーム風景である。

撮影：安田就視

2000年
（平成12年）

千代田区

港区

品川区

大田区

川崎市

横浜市

鎌倉市

1948（昭和23）年

古地図探訪

昭和・扇町駅付近

　地図の北側に昭和駅、南側に扇町駅が見える鶴見線の終着駅（扇町）周辺の地図である。この当時、扇町にはびっしりと鉄道路線が張り巡らされていたことがわかる。昭和駅のすぐ北側からは、道路を渡って、昭和石油（東亜石油）川崎工場へと延びる専用線が見える。一方、扇町駅付近からは、多数の専用線が延びている。まず、両駅の間から複数の引き込み線が北側の昭和電工会社に向けて敷かれている。その南西には、昭和電工会社川崎工場とその引き込み線も見え、「昭和」という駅名が命名された土地にふさわしい配線でもあった。日本鋼管炉材工場、川崎窯業会社へ向かう専用線も見える。さらにその南側には、東京鉄道局川崎発電区が存在し、現在もJR東日本川崎火力発電所として稼働している。

123

1974年
（昭和49年）

1976年
（昭和51年）

撮影：安田就視

工場地帯の運河に面した場所に設置されている新芝浦駅のホーム。駅の構造は相対式ホーム2面2線であり、これは東側（海芝浦方面）のホームである。

2017年
（平成29年）

撮影：安田就視

古いタイプの自動券売機が設置されていた海芝浦駅の改札口付近で、左側に売店（キオスク）が見える。この駅も1971年3月に無人駅となっている。

「近くに鶴見つばさ橋、遠くに横浜ベイブリッジを望むことのできる景観抜群の海に一番近い駅」として、2000年に「関東の駅百選」に選ばれた海芝浦駅。ホームから海景を眺める人も多い。

2017年
（平成29年）

新芝浦、海芝浦駅

しんしばうら
うみしばうら →

新芝浦 ▶開業年：1932（昭和7）年6月10日	所在地：横浜市鶴見区末広町2丁目
ホーム：2面2線　乗車人員：362人	キロ程：0.9km（浅野起点）
海芝浦 ▶開業年：1940（昭和15）年11月1日	所在地：横浜市鶴見区末広町2丁目
ホーム：1面1線　乗車人員：3,250人	キロ程：1.7km（浅野起点）

1932年には新芝浦駅、1940年に海芝浦駅
東芝京浜営業所従業員が利用、人気の海芝公園も

　鶴見臨港鉄道時代の1932（昭和7）年6月、浅野駅から新芝浦駅まで延びる支線が開通した。この1年前には、芝浦製作所（現・東芝）が従業員のために引き込み線に私有の電車を走らせていたものが、移管された形である。

　新芝浦駅の構造は、相対式ホーム2面2線を有する地上駅で、すぐ東側は運河となっている。それぞれのホームに上屋が存在し、ホーム間を構内踏切で連絡する形である。駅の西側には、オカムラ横浜物流センターなどが存在する。

　この新芝浦駅が終着駅となっていた海芝浦支線は1940年11月、海芝浦駅まで延伸している。1943年7月、鶴見臨海鉄道が国有化されて鶴見線の駅となった。海芝浦駅の構造は単式ホーム1面1線を有する地上駅で、終着駅であるため、終点側の端に改札口がある。1971年3月、新芝浦駅とともに無人駅となっている。

　この駅のホームは、南側の京浜運河に面しており、横浜ベイブリッジが望める立地から、「関東の駅百選」に選ばれている。この駅は東芝京浜事業所の敷地内にあり、原則として東芝の社員証、入門許可証などを所持している者しか利用できないが、1995（平成7）年に事業所内に「海芝公園」が開園して、一般客の利用も可能になり、カップルや家族連れにも人気の場所となっている。

京浜運河、横浜港に続く海景が広がる海芝浦駅のホーム。青い海と旧型国電との対比も美しい、1枚の絵のような風景となっている。

撮影：安田就視

千代田区
港区
品川区
大田区
川崎市
横浜市
鎌倉市

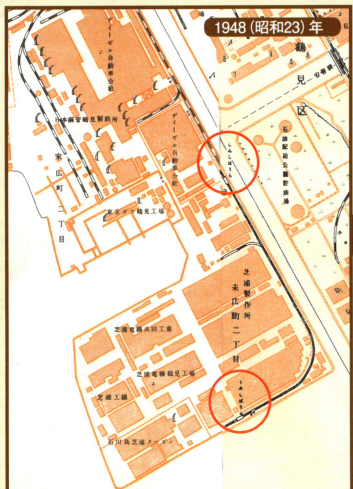

1948（昭和23）年

2000年の「関東の駅100選」に選ばれた海芝浦駅。東芝京浜事業所の従業員だけではなく、海芝公園を訪れる市民、観光客も利用する駅となっている。

古地図探訪

新芝浦・海芝浦駅付近

　地図の中央部分を斜めに海芝浦支線が走り、新芝浦駅と海芝浦駅が置かれている。東側を走る鉄道路線は、安善・武蔵白石間から延びていた石油支線である。この支線は安善橋を渡って、浜安善（石油）駅へ至っていた。こちらの支線は、鶴見臨港鉄道時代の1926年に石油駅まで開通した。1943年の国有化時に石油駅は浜安善駅と改称された後、1986年に廃止された。

　新芝浦駅の北西側には、線路に沿って、ディーゼル自動車会社が存在した。この会社は、1929年に石川島自動車製造所として創設され、1934年に鶴見工場を開設した。1941年にディーゼル自動車会社と社名を改め、1949年にいすゞ自動車と改称している。一方、海芝浦駅付近には、芝浦製作所、芝浦電機鶴見工場、同共同工業などが存在している。

単式１面１線の大川駅ホームに、この当時は武蔵白石〜大川間で運転されていた大川支線の列車が停まっている。列車の正面には、国鉄の組合活動の落書きの白文字が見える。付近に人家はなく、工場地帯の中の路線と駅である。

大川駅

おおかわ

開業年：1926（大正15）年３月10日　所在地：川崎市川崎区大川町２−２
ホーム：１面１線　乗車人員：1,009人　キロ程：1.6km（安善起点）

1926年に貨物駅開業。４年後に旅客営業開始
「大川」の線名と駅名は、製紙王・大川平三郎から

　大川駅は鶴見臨港鉄道が開業した1926（大正15）年３月に貨物駅として開業した。当時は武蔵白石駅が存在しなかったが、現在は同駅から分岐する大川支線の唯一の駅となっている。1930（昭和５）年10月に旅客営業を開始している。1943年７月に鶴見臨港鉄道が国有化され、鶴見線の駅となった。駅の構造は、単式ホーム１面１線を有する地上駅で、1971（昭和46）年３月に無人駅となっている。

　駅名・支線名である「大川」の由来は、製紙会社を経営し「製紙王」といわれた大川平三郎の名に由来する。渡米後に帰国して、王子製紙に勤務した大川は専務取締役となったが、後に退社している。1917年に富士製紙（後に王子製紙と合併）の社長となり、浅野セメント（現・太平洋セメント）や札幌麦酒（サッポロビール）などの経営にも参加した。駅の所在地は「大川町」であり、駅名はここから採られている。

　駅の周辺には、昭和電工川崎事業所大川地区、三菱化工機川崎製作所、日清製粉鶴見工場などが存在する。こうした工場へ通う従業員が多く利用するため、土曜・休日や平日の日中は、運行本数は少なく設定されている。その中で、運河を渡る形となる、本線上の武蔵白石駅は徒歩で10分ほどの近距離にあり、この大川駅前からは、鶴見臨港鉄道のバス事業を起源とする、川崎鶴見臨港バスも運行されている。

工場地帯を走るローカル線の終着駅らしく、小さな木造駅舎が残っている大川駅。付近には、桜の木が植えられており、春には駅利用者の目を楽しませてくれる。

撮影：荻原二郎

大川支線の古豪クモハ12型はJRになってからも走っていたが、1996年春に引退し、現在は205系3連がその任務に就いている。

ホームの壁、屋根の色が白く塗り直されている大川駅。この駅の正面（奥）には、三菱化工機会社の工場が存在する。かつては西側にある日清製粉鶴見工場に至る専用線も存在していた。

1948（昭和23）年

大川駅付近

古地図探訪

運河に囲まれた大川町には、鶴見線大川支線が延びている。1930年に旅客駅となった大川駅は、この地図では中央やや上にあたる、道路の終点（合流点）付近に置かれている。その西側には、徳永硝子会社、三菱化工機会社川崎製作所が存在する。北側には、昭和電工会社川崎工場が見える。南・東側には、日発（日本発送電）鶴見発電所、日清製粉鶴見工場が見える。

一方、地図の西側の安善町には、鶴見線の石油支線が延びている。新芝浦・海芝浦駅のページでも触れた石油支線は、鶴見臨港鉄道時代の1926年に石油駅まで開通している。石油駅は鶴見臨港鉄道が国有化された際に駅名を改称し、浜安善駅となった（1986年廃止）。この時期には付近に石油配給公団貯油場、ゼネラル物産会社があり、現在は昭和シェル石油横浜事業所などに変わっている。

千代田区

港区

品川区

大田区

川崎市

横浜市

鎌倉市

【著者プロフィール】

生田 誠（いくた まこと）

1957（昭和32）年、京都市東山区生まれ。東京都墨田区在住。

東京大学文学部美術史学専修課程修了。産経新聞社東京本社、大阪本社の文化部ほかに勤務。現在は地域史・絵葉書研究家として、内外の絵葉書の収集・研究および地域資料の発掘、アーカイブ構築などを行う。河出書房新社、集英社、彩流社、アルファベータブックス、フォト・パブリッシング等から著書多数。

【写真提供】

天野洋一、江本廣一、小川峯生、小林公宏、荻原二郎、高野浩一、中西進一郎、長渡朗、安田就視、山田虎雄、大田区、横浜市、朝日新聞社、

RGG（荒川好夫、大道政之、小野純一、小泉喬、河野豊、高木英二、松本正敏、森嶋孝司）

【執筆協力】

小林大樹（車輌コラム執筆）

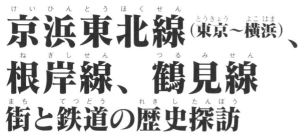

京浜東北線（東京〜横浜）、
根岸線、鶴見線
街と鉄道の歴史探訪

2017年11月5日　第1刷発行

著　者……………生田 誠
発行人……………高山和彦
発行所……………株式会社フォト・パブリッシング
　　　　　　　　　〒161-0032　東京都新宿区中落合2-12-26
　　　　　　　　　TEL.03-5988-8951　FAX.03-5988-8958
発売元……………株式会社メディアパル
　　　　　　　　　〒162-0813　東京都新宿区東五軒町6-21（トーハン別館3階）
　　　　　　　　　TEL.03-5261-1171　FAX.03-3235-4645
デザイン・DTP………柏倉栄治（装丁・本文とも）
印刷所……………株式会社シナノパブリッシング

ISBN978-4-8021-3075-2 C0026